风雨中的成长路

主　编　周国欣

副主编　王　芳

图书在版编目(CIP)数据

风雨中的成长路 / 周国欣主编. -- 苏州 : 苏州大学出版社, 2024.9. --（阅读大课堂）. -- ISBN 978-7-5672-4934-9

Ⅰ.G624.233

中国国家版本馆 CIP 数据核字第 20244V0J07 号

风雨中的成长路 FENGYU ZHONG DE CHENGZHANGLU

主　　编	周国欣
责任编辑	金莉莉
装帧设计	武　源　马晓晴　刘　俊
出版发行	苏州大学出版社（Soochow University Press）
社　　址	苏州市十梓街1号　邮编：215006
印　　刷	苏州市越洋印刷有限公司
邮购热线	0512-67480030
销售热线	0512-67481020
开　　本	787 mm×1 092 mm　1/16　印张：13.25　字数：161千
版　　次	2024年9月第1版
印　　次	2024年9月第1次印刷
书　　号	ISBN 978-7-5672-4934-9
定　　价	30.00元

若有印装错误，本社负责调换
苏州大学出版社营销部　电话：0512-67481020
苏州大学出版社网址　http：//www.sudapress.com
苏州大学出版社邮箱　sdcbs@suda.edu.cn

阅读大课堂

风雨中的成长路

丛书总策划

朱绍昌

执行策划

顾 清　项向宏　刘一霖　金莉莉

特约顾问

纪学林

书香伴成长

同学们，你们已经拿到了这本盼望已久还飘着墨香的《风雨中的成长路》，它将默默地陪伴你们快乐成长。

每天阅读三四页。拿到新书就开始行动吧！上学期间利用中午、晚间或其他课余时间读，如果平时的阅读任务没有完成，再利用节假日补一补。每周读一篇，每篇至少读三遍。因为每一篇都比较长，所以阅读时可以先每天读几页，等把全篇读完了，再把前几天阅读的内容连起来读一读、讲一讲。

经常扮作小演员。要善于把新读的内容讲给别人听，在家讲给家人听；在学校，只要读了一篇中的一部分就讲给同桌听，全部读完了就讲给学习小组长听，让大家及时注意到你们的阅读成绩。

勇于登上大舞台。学习小组、班集体、学校都是为你们专设的舞台。期中前后，你们要争取在学习小组里表演一次；这本书全部读完，你们要力争在班级阅读成果评比时展示一回；每年学校组织长篇名著阅读竞赛时，你们要争取代表班级到学校这个大舞台上展现一下你们最美的风采。

人人坚信我能行。在"书香伴成长"后面为同学们设计了"乐读优秀成绩美誉区"，由家人听你们讲过一篇后，按照你们表现最优秀的那一次，为你们送上最美的笑脸（在笑脸图案中填上金色），并签上名字。读完整本书后，把你们讲得最好的那一篇的题目记录在美誉区的下面。

同学们，用每天的坚持塑造最优秀的自己吧！

乐读优秀成绩美誉区

目录序号	讲述日期	绽放最美笑脸	颁奖人签名	目录序号	讲述日期	绽放最美笑脸	颁奖人签名
1		☺		7		☺	
2		☺		8		☺	
3		☺		9		☺	
4		☺		10		☺	
5		☺		11		☺	
6		☺		12		☺	

我讲得最好的那一篇的题目是：_____。

目录

大课堂　阅读指导 …………………………… 001

1. 去外公家 …………………………… 002
2. 首次挨打 …………………………… 016
3. 茨冈之死 …………………………… 031
4. 染坊失火 …………………………… 051
5. 别样的外公 …………………………… 068
6. 家庭斗争 …………………………… 086

大课堂　交流分享 …………………………… 095

7. 两个上帝 …………………………… 096
8. 房客友谊 …………………………… 111
9. 彼德大伯 …………………………… 127
10. 母亲归来 …………………………… 144
11. 我的父亲 …………………………… 165
12. 走向人间 …………………………… 179

大课堂　快乐考评 …………………………… 196

自测练习 …………………………… 197

争当"最美乐读者" …………………………… 201

大课堂

阅 读 指 导

1. 走进"快乐读书吧"。看看课本内容,说说对"笑与泪,经历与成长"的理解。"快乐读书吧"里所提到的几部叙写童年的小说,你曾读过哪一部?这学期将重点阅读高尔基的《童年》,有能力的同学可以读更多。

2. 研读范例学方法。仔细读读高尔基在《童年》中的一段话,边读边想这段话里有几个人物,主人公是谁,他们和主人公是什么关系。读了这段话,谁给你留下的印象最深。阅读小说必须弄清楚主人公与其他人物的关系,还要学会从生动的情节里体会人物的性格特点。

3. 体悟"书香伴成长"。我们怎样读好《风雨中的成长路》[①] 这本书呢?小声读读"书香伴成长",读后说说你读懂了哪些内容,还有什么不清楚的地方,提出来大家一起讨论。

4. 开启每日进行时。从今天开始,大家的阅读旅程正式开启啦!要按照计划每天读其中的一部分,不能因为贪多而影响休息和第二天的学习。

[①] 本书内容改编自高尔基《童年》。

1. 去外公家

阴暗、狭窄的房间里,我的父亲穿着白色的衣服,直挺挺地躺在地板上。

他光着脚,手指无力地弯曲着,平日里快活的眼睛紧紧闭着,嘴张得大大的,露出牙齿,像是在吓唬我似的。

> 细节描写,表明父亲快去世了,由此开端,推动故事情节的发展。

母亲穿着红色的围裙跪坐在他的身边,手里拿着那把我常用来锯西瓜皮的小梳子,一下一下地梳理着父亲的头发。一边梳,一边喃喃自语,眼泪不停地从她红肿的眼睛里流出来。

> 通过母亲的动作、神态描写,表现了她的悲伤。

外婆紧紧拉着我的手,哭得浑身发抖,带着我也抖动了起来。她今天穿着一身黑衣服,显得脑袋和眼睛都特别大,挺奇怪,也挺好玩的。

外婆不停地把我往父亲身边推去,嘴里念叨着:"孩子,快,快去和你爸爸告别吧,他还那么年轻,现在却要死了,你再也别想看见他了,亲爱的……"

我挺喜欢外婆,她说的话我都很信服,但今天她的话我听不懂,也弄不明白是怎么一回事,只是莫名地感到害怕,一味地往她身后缩。

我小时候生过一场大病,一直是父亲照顾我,后来,外婆来了,就由她来照顾我了。

1. 去外公家

"您是从哪里来的呀?"我问她。

"我是从尼日尼坐船来的,水上可没法走路啊,小鬼!"她回答。

水上不能走路!坐船!啊,太有趣了!

我家楼上住着几个长着大胡子的波斯人,地下室住着贩卖羊皮的卡尔麦克老头,下楼可以顺着扶手滑下去,摔跤就会头朝下……这些我都十分熟悉,可我从来没有听说过从水上来的人,真有意思。

"您为什么叫我小鬼呢?"

"因为你喜欢问东问西的!"她笑着说道。

从那一刻起,我就喜欢上这个和气、可爱的老人了。

现在,我希望她能立即带着我离开这间屋子。因为待在这里实在太难受了。母亲的哭喊声让我的心慌慌的,她一向严厉,我从没看见过她这么软弱。

母亲身材高大,骨骼坚硬,手劲也特别大。

以前,她总是把自己收拾得干干净净、整整齐齐的;但是现在衣服皱巴巴地挂在她的身上,显得十分凌乱。以前,她的头发总是向后梳得顺溜溜、光亮亮的,像顶闪光的大帽子;现在,全都乱糟糟地披在她赤裸的肩上。

将母亲以前的形象和现在的形象进行了对比,突出了她的悲痛之情。

她跪在地板上,有些头发散落下来,碰到了父亲的脸。

我在屋子里站了好半天,但她看也不看我一眼,只是一个劲儿地为父亲梳头,一个劲儿地流眼泪。

门外站着好些人,有穿着黑衣服的乡下人,也有穿着制服的警察。

"好啦,好啦,快点收拾吧!"那警察不耐烦地吼道。

这时，吹来了一阵风，把挡窗户用的黑披肩给吹得飘动起来，发出呼啦啦的声响。

这声音让我想起了父亲带我去划船的事。

那天，我们玩着玩着，忽然天上打起了闷雷，我惊叫着扑向父亲。

父亲哈哈地笑了起来，用膝盖挡住我，大声地说道："别怕，别怕，没事！"

> 通过回忆来表现父亲对"我"的关爱。

我正想着，忽然看见母亲吃力地从地板上站了起来，可还没等她站稳，突然，她仰面倒了下去，头发飘散在地板上。

她的表情和父亲的一模一样，眼睛紧紧地闭着，脸色铁青，张大嘴巴喘着粗气。

母亲声嘶力竭地吼道："滚出去，阿廖沙！关上门。"

外婆赶紧跑了过去。

我悄悄地躲到角落的一只箱子的后面。

母亲在地上打着滚，痛苦地叫着，牙齿咬得咔咔直响。

外婆趴在她的身边，嘴里念叨着："噢，圣母保佑！以圣父、圣子的名义，瓦尔瓦拉，要挺住！"

真是太可怕了！

外婆和母亲在父亲的身边爬来滚去，不停地碰着他，但他一动不动，似乎还在笑！

> 以一个孩子的视角，写出了外婆紧张、忙碌的样子。

她们在地板上折腾了老半天，母亲有好几次站了起来，但是很快又倒下了；外婆则跟随着母亲爬来爬去。

忽然，在黑暗中，我听见了一个孩子的哭声！

"噢，感谢我主，是个男孩！"外婆快活地叫道，站起来点亮了蜡烛。

风雨中的成长路

1. 去外公家

后来发生了什么事,我就不知道了,因为我在角落里迷迷糊糊地睡着了。

再后来,我记忆中的片段,发生在荒凉的坟场。

> 真实地写出了"我"孩子气的一面,"我"不知道害怕和担忧,累了便躺下睡觉。

天下着雨,我站在一个小土丘上,看着他们将父亲的棺材放进墓坑里。土很黏(nián)脚,坑里都是水,还有几只青蛙,有两只跳到了黄色的棺材盖板上。

站在坟边的,有我、外婆、警察,还有两个手拿铁锹、脸色阴沉的乡下人。雨点不停地打在大伙的身上。

"埋吧,埋吧!"警察下了命令。

外婆又哭了起来,用头巾捂住嘴。

乡下人立即弯下腰,往坑里填土。土落进水里,发出哗哗的声音;那两只青蛙从棺材盖板上跳了下来,沿着坑壁往上跳,可是滑落的土块又把它们砸了回去。很快,它们就和棺材一起被埋了。

> 在父亲被埋的时候,"我"没有过多地沉浸在悲伤中,反而注意到两只青蛙,进一步表现出"我"的孩子气。

外婆默默地站在那儿,土坑被填平了,她还站在那儿,一动也不动。

刮风了,雨被风刮走了。

两个乡下人用铁锹(qiāo)使劲地拍打,把土压实,发出啪叽啪叽的声音。

又过了一会儿,一个崭新的十字架竖在了父亲的坟上……

外婆拍拍我的肩膀说:"走吧,阿廖沙!"

我扭了扭身子,不想走。

"唉,真是的,我的上帝!"

我不知道她是在责备我,还是在埋怨上帝。

外婆拉着我，走在一个又一个发黑的十字架中间，走向远处的教堂。

"你为什么不哭？应该大哭一场才对！"走出坟场的围墙的时候，她说。

"我不想哭。"

"噢，不想。那就算了，其实不哭也好！"

> 表现了"我"的倔强和少不更事。

我极少哭，即使哭，也是因为受了委屈，而不是因为疼痛什么的。

我只要一哭，父亲就会笑话我，而母亲则会严厉地呵斥我："不许哭！"

回家的路上，我和外婆乘着一辆小马车行驶在肮脏的街道上。街道很宽阔，两边都是深红色的房子。

"那两只青蛙会出来吗？"

"大概出不来了，可你知道上帝会保佑它们的，没事！"

> 语言描写，表现外婆对上帝的虔诚。

不管是父亲还是母亲，都不会像外婆这样经常地念叨上帝。

几天后，外婆、母亲带着我，上了一艘轮船。

刚生下来的小弟弟死了，他身上裹着白布，又缠了一圈红色的带子，静静地躺在一张小桌子上。

我坐在包袱上，从小小的舷窗往外望去，泛着泡沫的河水往后涌去，飞溅起来的水花不时地落在舷窗上，我本能地跳起来想要躲开。

"噢，不用怕！"外婆安慰我，用她那双温暖的大手将我抱了起来，又把我放到了包袱上。

河面上雾茫茫的，远处偶尔露出一块黑色的土地来，很快又湮（yān）没在浓雾之中。

周围所有的东西都在颤动，只有母亲，抱着胳膊，靠着船舷站着，一动也不动。她脸色铁青，双唇紧闭，一声不吭。

> 神态、动作描写表现母亲仍然沉浸在悲伤之中。

她像是变了一个人，连衣服都变了，我感觉她越来越陌生。

外婆经常对她说："瓦尔瓦拉，吃点东西吧，多少吃点吧，好不好？"

母亲仿佛没听见似的，只是木然地站在那里。

外婆跟我说话总是轻声细语的，但同母亲说话声音就大了许多，可也很小心。

她像是有点怕母亲，这让我感觉和外婆更亲近了。

"萨拉多夫，那个水手呢？"母亲忽然愤怒地叫了起来。

什么？萨拉多夫？水手？真奇怪。

一个白头发的人走进船舱，他穿着一身黑衣服，手里拿着个木匣子。

外婆接过木匣，将小弟弟的尸体装了进去。她伸直胳膊抱着木匣走向门口，可是她太胖了，要侧着身子才能挤过小小的舱门，这让她有些不知所措。

"瞧瞧您，妈妈！"

母亲叫了一声，抢过弟弟的棺材。

她们俩走了。

我还在船舱里，打量着那个穿黑衣服的人。

"啊，你的小弟弟死了，是不是？"

"你是哪个？"

"我是个水手。"

"那萨拉多夫呢？"

"是个城市的名字。你看,窗外头就是!"

窗外的雾气里时而显现出移动的黑土地,像是刚从大面包上切下来的圆圆的一片儿。

"外婆呢?"

"去埋你那小弟弟了。"

"埋在地下吗?"

"不埋地下,还能埋在哪儿?"

> 水手的话,引导"我"去关爱自己的妈妈。

我给他讲了埋葬父亲时埋进去两只青蛙的事。

他把我抱起来,亲了亲,说:"啊,孩子,你还太小,有的事你不懂!用不着去可怜那些青蛙,可怜可怜你的妈妈吧,你看她被折磨成什么样子了啊!"

轮船的汽笛呜呜地响着。

我知道这是轮船的汽笛在响,因此并不害怕。

那个水手赶紧把我放下,跑了出去。他边跑边说:"得快点,得快点!"

我不由得跟着他跑了起来。

门外,阴暗的过道里一个人也没有。楼梯上镶的铜片映着光。朝上看,一些人背着包袱,提着提包在来回走动。他们要下船了,那我也该下船了。

可当我同大家一起走到甲板旁的踏板前时,有人对我嚷了起来:"这是谁的孩子啊?"

"我也不知道我是谁的孩子。"

人们摸摸我的头,拍拍我的脸,搞得我有点不知所措。

最后那个白头发的水手跑了过来,把我抱起来说:"噢,他是从船舱里跑出来的,从阿斯特拉罕来的。"

风雨中的成长路

1. 去外公家

他将我送回到船舱里，扔在行李上，吓唬我说："你要是再乱跑，我就要打你了！"

我呆呆地坐着，听着头顶上的脚步声、人声，慢慢安静下来。轮船的汽笛不响了，轮船也停止了打颤。

从船舱里看出去，窗户外头立着一堵湿漉漉的墙，让船舱里更加黑暗，行李好像都大了一圈，压得我喘不过气来。

我被母亲和外婆扔下了？就这么永远地被扔在了船上？

我去开门，打不开，根本就无法转动沉重的铜把手。我抓起装牛奶的瓶子，拼命地往门把手砸去，瓶子碎了，牛奶顺着我的腿流进了鞋子里，可是门仍然没有打开。

> "我"努力改变困境的勇气可嘉！

我非常沮丧，趴在包袱上，呜呜地哭了起来。哭着哭着，我便含着泪水睡着了。

轮船噗噗的颤动声将我惊醒，窗外的墙已经不见了，窗户明晃晃的，像是一个小太阳。

外婆坐在我身旁，皱着眉头梳理头发，一个人嘀嘀咕咕地不知道在说些什么。

> 通过外婆的神态、语言描写，表现她不开心。

她的头发特别多，密密地盖住了双肩、胸、膝盖，一直耷拉到地上。她一只手把头发从地上抓起来，费力地将那把显得很小的木梳插进厚厚的头发里，慢慢梳动。她的嘴唇不自觉地歪着，黑眼睛气愤地盯着前面的头发。她的脸在大堆的头发里显得很小，很可笑。

她今天不怎么高兴，不过我问她头发为什么会这么长时，她的语气还像昨天一样温柔："这好像是上帝给我的惩罚，他让我不停地梳理这该死的头发！年轻时，这可是让我骄傲的

> 外婆的头发又长又多，这让她很烦恼。

宝贝呢,但现在我想诅咒它了……睡吧,我的宝贝,天还早着呢,太阳才刚出来!"

"我睡不着了!"

"好吧,睡不着就不睡了。"她立即就同意了,一边编着辫子,一边看了看睡在沙发上的母亲。

母亲躺在那儿,一动不动,像块木头。

"好了,你说说昨天为什么把牛奶瓶给砸碎了。小声告诉我!"外婆的话说得很温和,每个字都说得那么有耐心,我也听清楚了每个字。

> 外婆的笑非常有感染力,温暖了"我"的童年生活。

她笑的时候,黑色的眼珠亮亮的,透露出一种难以言喻的快乐,她牙齿雪白,面孔虽然有点黑,可依然显得很年轻。最煞风景的算是那个软塌塌的大鼻子和红鼻头了。

她将我从昏暗的船舱中带出去,带进了光明里。我看见周围的东西都披着一圈美丽的光环!

她是最了解我的人,是我永远的朋友,我与她最要好!

她用无私的爱引导着我,使我即使在最艰难困苦的环境中也没有丧失追求美好生活的勇气!

四十年前的那个日子,轮船缓慢地在伏尔加河上前进着。

我们坐了好几天的船才到尼日尼,我还能清楚地回忆起船上那些美好的日子。

> 环境描写,让人感觉到生活的平静和美好,与"我"和外婆相处时的快乐相映衬。

天气晴朗的日子里,我和外婆一整天在甲板上坐着。

河水静静地流淌着,秋高气爽,令人心旷神怡,蔚蓝的天空下,黑色的土地上铺满了金色,一幅收获前的景象。

1. 去外公家

橘红色的轮船逆流而上,隆隆作响,轮桨慢慢地拍打着蓝色的水面。

轮船后面拖着一只灰蒙蒙的驳船,好像是拖着一只笨笨的土鳖(biē)。

船向前行驶,两岸的景物向后移动,城市、乡村、山岭、土地,还有漂浮在水面上的那些金黄色的树叶。

"啊,好美啊!"

外婆容光焕发,在甲板上踱来踱去,兴奋地睁大了眼睛。她偶尔停住,站在船舷边看着河岸发呆,十指交叉相握,放在胸前,面带微笑,眼含泪水。

> 外婆的神态、动作描写,表现她对美景的惊喜、陶醉,反映她对生活的热爱之情。

我拉了拉她的黑裙子。

"噢,我被迷住了!"她一惊,回过神来。

"你为什么哭呢?"

"亲爱的宝贝,我哭是因为我太快活了!我老了,你知道吗?我已经活了六十个年头了!"

她吸了点鼻烟,开始给我讲一些稀奇古怪的故事,有强盗,有妖魔鬼怪,还有圣人贤士。

我们额头抵着额头,她的声音低低的,神秘地盯着我的眼睛,似乎正从她的眼睛里往我的眼睛里灌注让人兴奋的力量。

> 外婆让"我"的世界变得丰富多彩,充满神奇的力量。

外婆讲故事讲得很生动、流畅、自然。每次她讲完了,我都会央求道:"再讲一个!"

"好,好,就再讲一个!"

"有一个灶神爷,坐在炉灶里,面条一下子扎进了他的脚

心,他疼得直叫唤:'哎哟,哎哟,疼啊,我受不了啦,小老鼠!'……"

她像是变成了那个被面条扎进脚心的灶神爷。

同我一起听故事的还有船上的水手们,都是些留着胡子的男人。他们夸奖外婆讲得好,都要求再讲一个。有时还说:"走,和我们一起吃晚饭吧!"

餐桌上,他们请外婆喝伏特加,给我吃西瓜,还有香瓜。不过,这一切都是背着一个人进行的,因为船上有一个人,禁止所有的人吃水果,他看见有人吃水果就会毫不犹豫地抢过水果,将水果扔到河里去。

这个人穿的衣服有点像警察的制服,上面钉着铜扣子,他整天喝得醉醺醺的,人人都躲着他。

母亲很少上甲板上来,她一直待在船舱里。

母亲身材高大笔直,神情严厉,一条又粗又长的黑辫子盘在头顶,像是王冠似的。

> 母亲神情严厉,让"我"感觉无法亲近。

她越来越沉默,好似有一层看不透的雾笼罩着她,她那双和外婆一模一样的灰色大眼睛,像是从遥远的地方冷漠地打量着人世间。

她曾经讽刺地说:"妈妈,那些人在笑话您呢!"

"我不在乎,只管笑话吧,让他们笑个够吧!"

我清楚地记得,当外婆远远地看见尼日尼时,高兴得像个小孩子。

她兴奋地拉着我来到船舷边,大声地指着尼日尼说:
"你瞧瞧,啊,多美呀!
"那就是尼日尼,天哪,就像神仙住的地方!

风雨中的成长路

1. 去外公家

"你看,那是教堂,好像搭建在天空中似的!"

她兴奋得几乎要流出眼泪来,一个劲地招呼我母亲:

"瓦尔瓦拉,你快来看看啊!

"你大概把这地方忘了吧?快来看看呀,你会高兴的!"

> 语言描写,表现外婆见到尼日尼时激动的心情,说明她非常爱这座城市。

母亲很勉强地笑了一下。

轮船停泊在河中央。河里挤满了各种各样的船只,上百根桅杆直直地伸向天空。

一条挤满了人的船靠近了轮船,人们在两艘船之间搭起了一架梯子,爬了过来。

有一个矮矮的老头走在最前头,他穿着一身黑衣服,胡子是金黄色的,鼻子勾勾的,眼睛是绿色的。

> 对外祖父的外貌描写,隐藏着一种距离感。

"爸爸!"母亲激动地大叫一声,扑向了他的怀里。

他抱住母亲,亲吻着她的脸,声音很尖地叫道:"噢,傻孩子,你怎么啦?"

与此同时,外婆仿佛变成了一个转起来的陀螺,一眨眼就和所有的人拥抱、亲吻过了。

> 把外婆比作转起来的陀螺,写出了她热情、开朗的性格特点。

她将我推到大家面前,说:"噢,快来认认人。这是米哈伊尔舅舅,这是雅可夫舅舅,这是娜塔莉娅舅妈,这两个表哥都叫萨沙,表姐叫卡杰琳娜!咱们全是一家人,怎么样,是不是很多人?"

013

风雨中的成长路

外公问外婆:"身子怎么样,我的老妈妈?"

他们互相吻了三下。

外公将我从人堆中带了出来:"你是什么人啊?"

"我从阿斯特拉罕上的船,是从船舱里跑出来的……"

"噢,天啊,他说的是什么呀?"外公问我母亲,没等我回答,就一下推开了我,"啊,看看,颧(quán)骨和他父亲长得一模一样!好了,下船吧!"

我们一群人下了船,顺着斜坡往上走,斜坡上铺着个头很大的鹅卵石,路的两侧长满了野草。

外公同我母亲走在整个队伍的最前面。他的个头很小,刚好到母亲的肩膀。他走得很快,而母亲则像在空中飘着似的,俯身看她的父亲。

紧跟在他们后面的是两个舅舅。米哈伊尔舅舅和外公一样,长得干瘦干瘦的,黑头发梳理得十分整齐;雅可夫舅舅的头发则是浅色的,打着细小的卷儿。

再后面是几个胖胖的女人,穿得十分鲜艳。

六个孩子走在最后面,默不作声。

跟我走在一起的是外婆和小个子舅妈娜塔莉娅。

娜塔莉娅舅妈脸色苍白,绿眼睛,大肚子,走起路来十分吃力,走不了一会儿就会停下来歇一歇,喘口气:"哎哟,我真走不动了!"

"唉,他们干吗让你来啊?真蠢!"外婆骂道。

> 将自己孤独的感受写出来了,表现了"我"内心的敏感。

走在这群人之中,我感觉十分孤独,觉得自己是个陌生人,连外婆也变了,跟我疏远了许多。

我不喜欢外公,我敏锐地觉察到他身上的敌意。我有点怕他,但也有点好奇。

风雨中的成长路

1. 去外公家

　　上了斜坡后，就是大街。顺着大街我们来到了一座低矮的平房大院。粉红色的油漆墙面已经十分肮脏了，房檐极低，窗户是凸出来的。只看外观，你会感觉里面地方很大，但其实里面分成了许多间小房间，特别拥挤。

　　院子里到处都是人，大家好像都在发脾气，怒气冲冲地跑来跑去，孩子们像一群麻雀似的蹿来跳去。

> 感受描写，表明"我"对新环境的抵触情绪。

　　空气中弥漫着一股非常难闻的气味，院子中挂满了湿漉漉的布，地上散乱地放着水桶，里面的水五颜六色，泡着布。

　　一个房间里，炉火烧得很旺，炉子里什么东西开了，正咕嘟嘟地响着，一个人嘴里叫着些古怪的词："紫檀（tán）——品红——硫（liú）酸盐。"

乐行乐思

　　"我"初到外公家，一下子看见了很多新面孔。请试着用图表的方法将人物关系理清楚。

风雨中的成长路

2. 首次挨打

如今回忆那段时光,我仍感觉难以置信。

我曾努力地说服自己,或许是我记错了,那不是真的,可事实终究是事实。

那是一个由一个天才讲述的悲惨故事,怪诞且黑暗的生活中充满了残酷。

我不仅仅在讲述自己的生活,我所描述的那个令人喘不过气来的恐怖景象,是大多数俄国人都曾经真实经历过的,直至眼下还没有消失的普遍现象。

> 外公家中充满了仇恨,给人一种压抑感。

外公家中充满了仇恨,大人之间的一切都是用仇恨来联系的,孩子们也紧随其后加入其中。

后来我从外婆那儿了解到,在母亲回来的时候,我的两个舅舅正逼迫外公分家。当母亲带着我突然加入这个大家庭时,他们分家的意愿更加强烈了。

> 交待舅舅们吵架的原因,表现他们自私的心理。

家里几乎闹翻了天。舅舅们担心母亲找外公讨要她本应该得到的那份嫁妆。那份嫁妆因为母亲违背了外公的意愿而结婚,所以被扣下了,现在两个舅舅一致认为,那份嫁妆应当归他们所有。

除此之外,还有些别的事情。例如,由谁在城里开染坊,又由谁到奥卡河对岸的纳维诺村开染坊，等等。

我们才回来几天，就发生了一次大的争吵。

当时，我们正坐在厨房里吃饭，唰的一下，两个舅舅都站了起来，俯身向前，用手指着桌子对面的外公，龇（zī）着牙，像狼狗一样大吼大叫。

外公用饭勺敲打着桌子，脸涨得通红，公鸡打鸣似的尖叫道："全给我滚出去要饭！"

外婆痛苦地劝道："行了，行了，分给他们吧，全都分个一干二净吧，省得他们再闹了！"

> 神态、语言和动作描写，表现了外公对舅舅们的不满和厌恶。

"你给我闭嘴，全是你惯的！"外公个头虽小，声音却出奇的响，震得我耳朵嗡嗡直响。

我的母亲站了起来，走到窗前，背对着大家，一声不吭。

这时，米哈伊尔舅舅突然抡圆了胳膊，给了他弟弟一个响亮的耳光！雅可夫舅舅扑过去揪住他，两个人在地上扭打成一团，不停地喘息着、叫骂着、呻吟着。

> 两个舅舅扭打的场景，表现了他们丑陋的嘴脸。

孩子们都吓得大哭起来，挺着大肚子的娜塔莉娅舅妈死命地喊着、劝着，我母亲回过身来强硬地把她给拉走了，永远乐呵呵的麻子脸保姆叶芙格妮娅想要将小孩子们赶出厨房。

争斗一开始，我就跳到了炕上，瞪大眼睛，既好奇又害怕地看着眼前发生的一切。

最后，茨冈出手将两个舅舅制服了。

茨冈是染坊里一个年轻力壮的学徒工，他骑在米哈伊尔舅舅的背上；染坊的老工人格里高里·伊凡诺维奇，一个秃顶的大胡子男人，非常镇定地拿毛巾捆住了他的手。

米哈伊尔舅舅的脸紧紧地贴在地板上，胡子都扎进了地板缝里，一个劲地喘气。

外公顿足捶胸，哭道："你们可都是亲兄弟啊！唉！"

外婆端来一盆水，替雅可夫舅舅洗干净脸上的血迹。她一边跺脚，一边哭着说道："野种们，你们该清醒清醒了！"

> 外公和外婆的表现，反映了他们对儿子们的失望与无奈。

外公将撕破的衬衫搭在肩膀上，冲着外婆大喊："老太婆，看看你养的这群畜生！"

外婆躲进角落里，号啕大哭："圣母啊，求你让我的孩子们通点人性吧！"

外公走到她跟前，两眼发直地看看一屋的狼藉，低声说："老婆子，你留点神，小心他们欺负瓦尔瓦拉！"

> 从语言描写中，"我"感受到外公对"我"妈妈的关心。

"啊，上帝保佑，快点把衬衫给我，我给你缝缝！"

外婆的个头比外公高，拥抱外公时，外公的脑袋靠在了她的肩上。

"唉，咱们分家吧，老婆子！"

"那就分吧，老爷子！"

他们俩轻声细语地说了很久，但不一会儿，外公又像公鸡打鸣似的尖声尖气地嚷了起来。

他指着外婆喊道："得啦，你比我疼他们，行了吧！但是你养的都是些什么儿子啊？米哈伊尔是头没心没肺的驴，雅可夫则是个共济会员！他们会把我的家产败光的！"

我一转身，不小心将熨（yùn）斗碰倒了，掉进了脏水盆里。

外公一个箭步冲过来,把我拎了起来,两只眼睛凶巴巴地盯着我的脸,好像第一次见到我似的,嘴里吼道:"嗨!谁让你在这里的?是你妈妈吗?"

"不是,是我自个儿。"

"胡说八道。"

"不是胡说,是我自个儿上去的。"

他敲了一下我的头,将我扔到了地上:"和你爹一个样!快点滚!"

我以最快的速度跑出了厨房。

不知道为什么,外公那双尖利的绿眼珠总是盯着我不放,这让我非常害怕,总是想方设法避开他。他的脾气太坏了,对人总是恶狠狠的,说话时的尾音拉得长长的,叫人很厌恶。

染坊休息时,或是吃晚茶时,外公和舅舅们,还有那些伙计们都回来了。他们一个个疲惫不堪,手让紫檀染得通红,或被硫酸盐灼伤了。他们的头发都用带子扎着,活像厨房角落那尊被熏黑了的圣像。

外公坐在我的对面和我说话,这让他的孙子们非常羡慕。他身形消瘦,脸上的皱纹道道分明,圆领绸背心上满是破洞,印花布的衬衫皱巴巴的,裤子上还打着补丁。但就算这样,他的这一身衣服也比他那两个穿着护胸、围着三角绸巾的儿子干净、漂亮。

> 外公的动作、神态和语言描写,表现他对"我"态度很粗暴。

> 外公在"我"心目中的形象比两个舅舅强。

我们来了没几天,他就开始让我学着做祷告。别的孩子都比我大,被送到乌斯平尼耶教堂的一个助祭那儿学认字,从家里就可以看见教堂的金色尖顶。

文静的娜塔莉娅舅妈负责教我怎么念祷词,她的脸圆圆

的，像个孩子，眼神清澈，穿过她的这双眼睛，似乎可以看透她的脑袋，看到她脑后的所有东西。我非常喜欢她的眼睛，老是目不转睛地盯着看。

她低着头，半闭着眼睛，小声地说："啊，请跟着我念：'我们在天之父……'快念啊。"

抓住娜塔莉娅舅妈的眼睛进行细致的描写，表现了她的单纯。

我不知道为什么自己总是故意出错，越念越糟糕，善良的舅妈一次又一次、不厌其烦地纠正我的发音，一点也不生气。这反倒让我生气了。

有一天，外公问我："阿廖沙，你今天都干什么了？是不是只顾着玩了？你头上有一块青的，一看就明白你是怎么弄的。弄块青的出来可不算什么大能耐！我问问你，《主祷经》念熟了没有？"

舅妈低声为我开脱："他记性不是很好。"

舅妈为"我"寻找开脱的理由，表现了她内心的善良，关心和爱护着"我"。

外公冷笑了一声，将红眉毛向上一挑，说："那就免不了要挨打了！"

他又问道："你爹揍过你吗？"

我不知道他是什么意思，因而没有回答。

我母亲说："马克辛从没打过他，而且让我也别打他。"

"为什么？"

"他觉得用拳头是教育不出好人来的。"

"真是个不折不扣的傻瓜！上帝原谅我，不该说死人的坏话！"外公气呼呼地嘀咕着。

我觉得受了莫大的污辱。

"啊哈，你倒噘起嘴来了！"他拍了拍我的头，接着说，"星期六，我得抽萨沙一顿！"

"什么叫'抽'？"

大家都笑了起来。

外公回答说："过一阵子你就明白了！"

我心中开始琢磨"抽"和"打"的区别。我知道"打"是什么意思，打猫打狗，还有阿斯特拉罕的警察打波斯人，但我还从来没见过"抽"。

舅舅们惩罚孩子时，总是用手指头弹他们的额头或者后脑勺。孩子们对此似乎习以为常，摸摸被弹得起了个大包的地方，接着又去玩了。

> 舅舅们惩罚孩子的动作很粗暴。孩子们的反应从侧面说明了舅舅们在家里经常弹孩子。

我问他们："疼吗？"

他们都勇敢地回答："一点儿也不疼！"

为了一点儿小事，他们就会被弹一顿。

有一天，吃过下午茶后，两个舅舅和格里高里一起把染好的料子缝成一匹一匹的布，然后再在上面贴个纸签。

米哈伊尔舅舅想同那个眼睛快瞎了的格里高里开个大玩笑，他叫九岁的侄子把他的顶针在蜡烛上烧热了。萨沙很听话，拿镊子夹着顶针烧了起来，烧得快发红的时候，悄悄地放在了格里高里手边，然后就躲起来了。这个时候，外公进来了，他想给格里高里帮个忙，于是就坐下来，不紧不慢地戴上了顶针。

我听见叫喊声跑进厨房时，外公正用烫伤了的手指头捏着耳朵，一边跳，一边吼叫："谁干的？你们这些混蛋！"

米哈伊尔舅舅趴在床上，不住地朝着顶针吹气。

格里高里依然镇定地缝着布料，仿佛与他一点儿关系也没有，他的秃头晃来晃去，巨大的影子也跟着晃来晃去。

雅可夫舅舅跑了进来，捂着嘴直笑。

外婆一边叹气，一边捣着土豆泥。

米哈伊尔舅舅慢悠悠地说道："这是雅可夫的萨沙做的！"

"撒谎！"雅可夫大叫一声站了起来。

他儿子哭了，叫着："爸爸，是大伯叫我干的！"

两个舅舅对骂了起来。

> 米哈伊尔舅舅怂恿侄子做坏事，出事后却先出卖侄子，表现了他心理的阴暗。

外公这时已消了气，用土豆泥糊在手指头上，带着我走了。大家都认为是米哈伊尔舅舅的错。

我问外公："是不是要抽他一顿？"

"要！"外公斜着眼瞟了我一下。

米哈伊尔舅舅生气了，朝我母亲吼道："瓦尔瓦拉，注意点你的狗崽子，小心我将他的脑袋揪下来！"

母亲毫不示弱地回道："你敢！"

一时间大家都不吭声了。

> 从米哈伊尔舅舅与母亲的对话中，可以感受到母亲的强势。

母亲说话经常这么简短有力，一下子就能将别人推到千里之外。我知道大家都有点害怕母亲，外公和她说话也是小心翼翼的。

我对这一点很自豪，曾经对表哥们说："我妈妈的力气是最大的！"

没有一个人表示反对。可星期六的事却改变了我对母亲的看法。

星期六之前，我也犯了个错误。

我对大人们巧妙地给布料染色的技术十分感兴趣，黄色的布遇到黑色的水就变成了宝石蓝色的布；灰色的布遇到黄褐色的水就变成了樱桃红色的布。真是太奇妙了，我怎么也搞不清楚。我很想亲自动手试一试。

我把这个念头告诉了雅可夫舅舅家的萨沙。

萨沙是个很乖的孩子，他老是围着大人转，跟谁都处得不错，无论谁叫他干什么，他都乖乖地去做。几乎所有的人都赞扬他是个聪明伶俐的好孩子，只有外公不这么认为。

他斜着眼瞟了一下萨沙说："只会讨巧卖乖！"

萨沙长得又黑又瘦，两个眼睛有点凸，说起话来上气不接下气的，经常把自己给噎住。他老是东张西望，好像在等待什么时机似的。

> 对萨沙的外貌、神态、动作描写，表现了他的老实和不安。

我怪讨厌他的，相比较而言，我很喜欢米哈伊尔家的萨沙。

萨沙不大爱动，悄无声息的，从不引人注目。他眼神中流露出的忧郁气质很像他的母亲，他的性格也很温和。他的牙齿长得很有特色，嘴皮子包不住它们，全都露在了外面。他常常用手敲打自己的牙找乐子，如果别人想敲一下也没问题。

> 表现了萨沙的孤独，揭示了大家庭人与人关系的冷漠。

他老是孤零零一个人坐在昏暗的角落里，或是在傍晚的时候坐在窗前。同他一起坐着很有趣，他经常一言不发地一坐就是一个小时。

我们肩并肩坐在窗户前，遥望西边的晚霞，看

> "我"和米哈伊尔舅舅的儿子萨沙在一起的时光很美好！

黑色的乌鸦在乌斯平尼耶教堂的金顶上打转。乌鸦们飞来飞去，一会儿挡住了暗红的天色，一会儿又不知飞到什么地方去了，剩下一片

空旷的天空。

看着这一切，我一句话也不想说，一种甜滋滋的、愉快的怅然填满了我的心。

雅可夫舅舅的儿子出坏主意，故意让"我"将桌布染毁了，然后看"我"被打的笑话。

雅可夫家的萨沙懂得挺多，主意也挺多。他知道我有染布的想法之后，就让我用柜子里过节时才用的白桌布试试，看看能不能把它染成蓝色的。

他说："我知道，白色的布最容易染！"

我费了老大的劲才把桌布拉进了院子，刚刚把桌布的一角放入装蓝靛的桶里，茨冈不知道从哪里跑来了。

他一把将白桌布夺了过去，使劲地拧着，又向在一边盯着我做实验的萨沙喊道："去，把你奶奶叫过来！"

萨沙知道大事不好了，对我说："完了，你要挨揍了！"

外婆飞奔而至，大叫一声，几乎要哭出声来。她大骂道："你这个别尔米人，大耳朵鬼！怎么不摔死你啊！"

但她马上又回过身来劝茨冈："茨冈，千万别和老头子说啊！尽量把这件事给瞒过去吧！"

茨冈在自己五颜六色的围裙上擦了擦手，说："只怕萨沙会告诉他！"

"那，那我给他两个戈比吧！"

外婆将我领回了屋子里。

星期六一整天都在下着绵绵的秋雨，晚祷之前有人带话让我到厨房去一下。

厨房里非常昏暗，我看见茨冈脸色阴沉地坐在一把高大的椅子上。外公在一旁摆弄着几根在水里浸湿了的柳条，时不时抽出一根来，嗖嗖地挥动两下。

外婆站在稍远一点的地方，吸着鼻烟，唠唠叨叨地说："唉，还在装模作样呢，这捣蛋鬼！"

雅可夫舅舅家的萨沙坐在厨房里的一个小凳上，不断地揉着眼睛，说话的声音都变了，像个老叫花子。

"行行好，行行好，就饶了我吧……"

米哈伊尔舅舅的两个孩子，也就是我的表哥和表姐，呆若木鸡地站在一旁，看样子是被吓傻了。

> 萨沙的神态、语言、动作描写，写出了他犯错后的可怜样。

外公发话了："好，饶了你，不过，得先抽你一顿！快点，快脱掉裤子！"

说着，外公抽出了一根柳条。

屋子里安静得吓人，虽然有外公的说话声，有萨沙的屁股在凳子上的挪动声，有外婆的脚在地板上的摩擦声，但是不知为什么，屋子里却愈加显得寂静，让人心生畏惧。

> 通过屋子里吓人的静，写出了大家内心的畏惧，从侧面表现了外公的野蛮、粗暴。

萨沙站了起来，慢慢地脱掉裤子，两个手提着，颤颤巍巍地趴在了长凳上。看着他做着一系列的动作，我的腿也忍不住抖了起来。

萨沙的惨叫声倏然响起。

"装蒜，叫你叫唤，再尝尝这一下！"外公恶狠狠地说。

每打一下身上都会出现红印，表哥杀猪般的叫声此起彼伏，不断响起。

外公丝毫不为所动："嗨，知道了吧，这一下是为了那个顶针！"

我的心也跟着外公的手一上一下。

表哥开始咬出我了："哎呀，我再也不敢这样做了，我也告发了染桌布的事啊!"

外公不急不忙地说道:"告密,嗨,这一下就是因为你的告密!"

外婆一下子扑过来,抱住了我:"不行,魔鬼,我才不让你抽阿廖沙!"

她用脚踹着门,叫我的母亲:"瓦尔瓦拉!"

> "我"对外公的反抗行为透露出内心对他的讨厌。外公的动作非常暴力,令人感觉亲情淡薄。

外公一个箭步冲上前来,推倒了外婆,把我拖了过去。我拼命地挣扎着,拽他的红胡子,咬他的胳膊。他"嗷"的一声大叫,猛地将我往凳子上一扔,摔破了我的脸。

"把他给我捆起来,打死他!"

母亲脸色苍白,眼睛瞪得通红,叫道:"爸爸,别打他啊!交给我吧!"

外公的一顿痛揍让我昏了过去,醒来以后又大病了一场,趴在床上静养了好几天。

我待的小屋只在墙角开了扇小窗户,屋子中有几个装圣像用的玻璃匣子,前头点着一盏长明灯。

> "我"挨打之后的心理变化,表现了自尊心开始觉醒。

这次生病的经历,深深地铭刻在我的大脑中。病倒的几天里,我感觉突然长大了。我有一种非常特别的体会,那就是感觉到了自尊心。

外婆同母亲吵了一架,身穿黑衣服、又高又胖的外婆把母亲推到房子的角落里,气愤地问:"瓦尔瓦拉,你,你为什么不把他夺过来?"

"我,我当时吓傻了!"

"不害臊!瓦尔瓦拉,你白长了这么大个子。我这个老太婆都不怕，你倒给吓傻了！"

"妈妈，您别说了！"

"不，我得说，他可是个可怜的没有父亲的孩子啊！"

母亲高声叫道："可我是个寡母啊！"

她们坐在墙角，哭了很久。

母亲说："假如没有阿廖沙，我早就离开这个可恶的地狱了！妈妈，我早就受不了了……"外婆柔声地劝慰道："唉，我的心肝儿，我可怜的宝贝儿！"

我忽然感到母亲并不是个强有力的人，她也和别人一样怕外公，是我妨碍了她，让她离不开这个该死的家庭。可是不久之后，我就找不到母亲了，也不知道她上哪儿去了。

> 经过挨打这件事后，"我"对母亲的认识有了新的变化，这也说明"我"在成长。

这一天，外公忽然来了。

他坐在床上，摸摸我的头，他的手冰冰凉。

"少爷，怎么样了？说话啊，怎么不吭声啊？"

我看也不看他一眼，真想一脚把他踹出门去。

"啊，你瞧瞧，我给你带来了什么好东西？"

我瞄了他一眼。

他摇头晃脑地坐在那儿，头发和胡子比平时显得更红了，双眼放着光，手里捧着一堆东西：一块糖饼、两个糖角、一个苹果、一包葡萄干。

他吻了吻我的额头，又摸了摸我的脑袋。他的手不但冰凉而且焦黄，比小鸟的嘴巴还黄，那是染布染的。

"噢，小朋友，我当时是有点过分了！你这家伙又抓又咬，所以就不得不多受几下了。自己的亲人打你，是为你好，是要你接受教训！外人打了你，才是耻辱。自己人打了没什么关

风雨中的成长路

系的!

"噢,阿廖沙,我也挨过打,打得那叫一个惨啊!别人欺负我,连上帝都会掉泪!但现在怎么样!我当上了行会的头,手下有好多人呢!"

> 外公教给"我"他认为的人生道理。

他开始讲他小时候的故事,干瘦的身体轻轻地摇晃着,说得很投入,绿色的眼睛放着兴奋的光芒,红头发抖动着。他的嗓音渐渐粗重起来:

"啊,我说,阿廖沙,你可是坐轮船来的,坐蒸汽轮船来的。我年轻时得用肩膀拉纤,拽着船往上走。船在水里,我在岸上,脚下是硌人的石子!没日没夜地朝前拉啊拉啊,腰弯成了弓,骨头嘎嘎地响,头发都晒得着了火,汗水和泪水一齐往下流!

"亲爱的阿廖沙,我那会儿可真是有苦没处说啊!

"我经常脸向下栽倒在地上,心想死了算了,死了就解脱了。但我没有死掉,我坚持住了,我沿着我们的伏尔加母亲河走了三趟,足足走了上万里路!

> 外公给我讲述了他的苦难经历和奋斗历程,让"我"感觉他的形象变高大了。

"第四个年头,我终于当上了纤夫的头!"

我忽然觉着这个干瘦干瘦的老头变得异常高大了,像童话里的巨人,他一个人拖着大货船逆流而上!

> 对外公的动作描写,表现了外公亲切的一面。

外公一边说,一边用手比画,有时还跳上床来表演一下怎么拉纤、怎么排掉船里的积水。

"啊,阿廖沙,亲爱的,纤夫当然也有快乐的时刻!那就是休息和吃饭时。夏天的黄昏，在山脚下点起一堆篝火，煮上粥，苦命的纤夫们一起唱歌！啊，那歌声，太妙了，唱得叫人浑身起鸡皮疙瘩，伏尔加河的水好像都流得快起来了呢！

"多美妙啊，所有忧愁都随着歌声消失了！

"有时候，熬粥的人只顾唱歌，让粥溢了出来，那他的脑袋上就得挨顿勺子把儿了！"

在外公讲故事的过程中，有好几个人来找他，但我拉住他，就是不让他走。

外公笑了笑，朝叫他的人一挥手，说："等一会儿……"

就这样，外公一直讲到天黑，才同我亲热地告别。原来，外公并不是个恶毒的坏蛋，并不是那样可怕。不过，他残忍地毒打我的事，我是永远也不会忘记的。

大家纷纷模仿外公的做法，时不时地过来陪我说说话，想方设法让我高兴起来。当然，来得最多的还是外婆，晚上她还陪我一起睡觉。

给我印象最深刻的是小伙计茨冈，他肩宽背阔，一头卷发。

一天傍晚，他来到了我的床前，穿着金黄色的衬衫、新皮鞋，像是过节似的，尤其是他小黑胡子下洁白的牙齿，在黑暗中显得特别引人注目。

"啊，你瞧瞧我的胳膊！"他一边说一边挽起了袖子，"你看肿得多么厉害。现在好多了呢！你外公那时简直发疯了，我用这只胳膊去挡，想把那根柳条给折断，这样你外公去拿另一根柳条时，就能把你抱走

> 茨冈非常善良，富有爱心，在"我"遭受外公毒打时，用自己的身体保护"我"。

了。但是柳条太软了，不仅没折断，连我也挨了狠狠的几下子！"

他笑了起来，笑得十分温和："唉，你真可怜，你外公那家伙真是没命地抽啊！"

他使劲喷了一下鼻子，就像马似的。

我很喜欢他，觉得他很单纯，也很可爱。我将我的想法告诉了他。

他说："啊，我也喜欢你啊，正因为这个缘故我才去救你的！换了别人，我可不会这么做。"

然后，他东张西望了一阵子，悄悄对我说："我告诉你，下次再挨打的时候，千万不要绷紧身子，要放松，舒展开，要深呼吸，喊起来要像杀猪似的，明白吗？"

> 茨冈给"我"传授挨打的经验，可以想象他在这个家庭中的遭遇。

"难道还要再打我吗？"

"你以为这就完了？当然还会再打你的。"他说得十分严肃。

"为什么？"

"为什么？反正他会不停地找理由打你！"他停了停，又接着说道，"反正，你记着，要舒展开躺着！如果他把柳条打下来后，还顺势往回抽，那会抽掉你的皮的。你一定要随着柳条转动身子，记住了没有？"

他向我挤了挤眼睛，笃定地说道："听我的准没错，我挨打可有经验了。小朋友，我全身的皮都被打硬了！"

> 茨冈用自己的亲身经历说明了外公经常打人，从侧面衬托了外公的残暴。

我看着他，不禁想起了外婆给我讲的伊凡王子和伊凡傻子的故事。

乐行乐思

外公毒打萨沙和"我"的原因有哪些？试着用简洁的语言分条列举，或绘制事件流程图。

3. 茨冈之死

我身体好了之后，我慢慢地感觉到茨冈在我们这个大家庭中的地位十分特殊。

外公也骂他，但不如骂那两个舅舅多，而且私下里外公还常常夸奖他："茨冈干活是个好手，这小子会有出息的！"

两个舅舅对他也算是和善，从来不像对格里高里那样刻薄，也从来不对他搞什么恶作剧。对格里高里的恶作剧则每天都要上演一次。

有时是用火把他的剪子烧红，有时是在他的椅子上装一个头朝上的钉子，或者把两种颜色完全不同的布料放在这个几乎成了瞎子的老工匠的手边，等他把不同颜色的布料缝成一匹布后，就会遭到外公的痛骂。

> 两个舅舅经常捉弄格里高里，表现了他们内心非常恶毒。

有一回，格里高里在厨房的吊床上睡午觉，不知是哪个捣蛋鬼，在他的脸上涂满了红色的颜料。这种颜料很难洗掉，好长一段时间里，格里高里都顶着一张又好笑又可怕的红色的脸。

这帮人折腾他的花样从不重复，格里高里似乎一点儿也不当回事，什么话也不说。

他养成了一个习惯，在拿剪子、顶针、钳子、熨斗之类的东西前，总会在手上吐上点唾沫，试探着拿；拿刀叉吃饭时，也会把指头用唾沫弄湿。孩子们看见了都大笑不止。

风雨中的成长路

要是一不小心挨了烫,他的眉毛便会高高扬起,脸上现出很多皱纹来,一层层的,直至消失于光秃秃的头顶之上。

> 格里高里的神态描写,表现他受捉弄后的痛苦之情。

我不记得外公对他的儿子们的恶作剧的态度了,但每次外婆都会挥起拳头骂他们:"臭不要脸的魔鬼们!"

舅舅们会在私下骂茨冈,说他这儿不好,那儿也不好,是个小偷,是个懒汉。

我问外婆这是怎么一回事。

她耐心地向我解释:

> 交待了舅舅们私下骂茨冈的原因。

"你的两个舅舅啊,将来得分家自己开自己的染坊,他们都想要茨冈,因为他干活是把好手,所以嘛,两人都故意在对方面前骂他!说他不会干活,是个笨蛋。他们还怕茨冈跟你外公一起另起炉灶开一家染坊,那就对你的舅舅们十分不利了。

"他们的那点阴谋诡计早让你外公看出来了。他故意对他们俩说:'啊,我要给茨冈买一个免役证,我太需要他了,他可不能去当兵啊!'这下子可把你的舅舅们气坏了!"

外婆说到这儿,无声地笑起来了。

我现在又同外婆坐在一起了,像坐轮船来的时候一模一样。

> 外婆豁达、乐观,在这充满仇恨、戾气的家庭里活成了一束光。

她每天临睡前都过来给我讲故事,讲她自己的生活故事,很有意思。提到分家之类的事情时,外婆完全是以一个局外人的口气说的,仿佛这一切都不关她的事。

她讲到茨冈的来历时,我才知道他是个

3. 茨冈之死

被抛弃的孩子，是在一个阴雨连绵的夜里，从门口捡来的。

"唉，他都冻僵了，只用一块破围裙裹着！"

"是谁扔的？干吗扔了他？"

"他妈妈没有奶水，听说有一家刚生的孩子夭折了，她就把自己的孩子放到这儿来了。"

一阵沉默过后，外婆感慨地说：

"唉，亲爱的阿廖沙，都是因为太穷了啊！

"当然，社会上还有一种风俗，没出嫁的女子是不能生养孩子的！

"你外公想把茨冈送到警察局去，但我拦住了他，说我们自己养吧，这是上帝的恩赐啊。

"我生了十八个孩子，如果都活着的话能站满一条街！

"我十四岁结婚，十五岁开始生孩子，可是上帝看中了我的孩子，让他们去当天使了！我真是又心疼又高兴！"

她眼里泪光闪闪，却又低声笑了起来。

她坐在床沿上，蓬松的黑发披散在肩上，加上高大的身材，像前一阵子一个大胡子带到院子里来玩的一头大熊。

"好孩子都叫上帝给带走了，剩下的都是坏的！

"我喜欢小孩子，茨冈就这样留下了。洗礼之后，他越长越精神！开头，我叫他'甲壳虫'，因为他满屋子爬的样子太像甲壳虫了！

"你可以放心地去爱他，他是个很纯朴的人！"

茨冈经常有惊人之举，我越来越喜欢他了。每到周六，外

> 交待人们把孩子扔掉的原因，反映了当时社会的贫穷，以及人们生存环境的恶劣。

> 通过外婆的讲述，表现她对两个儿子的不满，以及对茨冈的喜爱之情。

公都要惩罚一下本周内犯过错误的孩子，然后他就去做晚祷了！

他走后，厨房立刻成了我们的天地。茨冈不知从哪里弄来几只黑色的蟑螂。他又用纸做了一驾马车，剪了一个雪橇（qiāo）。啊，真是太好玩了！

四匹"黑马"拉着雪橇在黄色的桌子上狂奔起来，茨冈用一根小棍赶着它们，大声叫道："驾！驾！我们赶着车去请大主教喽！"

茨冈剪了一张纸贴在一只蟑螂身上，赶着它去追雪橇："它们忘了带口袋，快追上去！"

他又用一根线捆住了一只蟑螂的腿，这只蟑螂一边爬，一边不断地点头，他大声笑着说："助祭从酒馆里出来，要去做晚祷喽！"

> 茨冈的动作和语言描写，表现他非常喜爱这只老鼠，心地非常善良。

他有一只小老鼠，天天将它藏在怀里，嘴对嘴地喂它糖，接吻，他十分笃定地说："老鼠是很聪明的动物，家神特别喜欢它！谁养了小老鼠，家神爷爷就会喜欢谁！"

茨冈还会用纸牌或者铜钱变戏法，变戏法的时候，他也像个孩子似的，甚至比孩子嚷得还厉害。

> 写出了茨冈顽皮、可爱的一面。

有一次玩牌，他一连当了几次"大傻瓜"，这可把他气坏了，他发誓说他们肯定在桌子底下换牌了。

"哼，骗人的把戏有谁不会做！"

那年，他十九岁，比外公家的四个小孩子的年龄加起来还要大。

每到节日的晚上，茨冈更是个活跃分子。一般来说，这时外公和米哈伊尔舅舅都会出门去拜神。这时，雅可夫舅舅就会拿着六弦琴走进厨房。

外婆做了一桌子丰盛的菜，又拿出了一瓶伏特加酒，酒瓶子是绿色的，瓶底雕刻着精美的红色的花朵。

茨冈穿着节日的盛装，跟着外婆忙得团团转。

格里高里轻轻地走进来，烛光下，他的眼镜片闪闪发光。

保姆叶芙格妮娅长满麻子的脸更红了。她胖得像个缸，眼睛长得很奇怪，说起话来声音大得像个喇叭。

有时候，乌斯平尼耶教堂的长发助祭，还有些如同梭鱼般狡猾的邻居也会过来。人们胡吃海喝的，孩子们手里不仅有糖果，而且还有一杯甜酒！

越来越热闹了！

雅可夫舅舅小心地调好了他的六弦琴，按照惯例先说一句："各位，怎么样，我就要开始了！"

然后，舅舅甩一甩他的卷发，好像猫似的伸长脖子，眯着眼睛，轻轻地拨动琴弦，弹起了曲子。

那曲子让你对世界充满了怜悯，也加深了对自己的认识。

> 运用点面结合的写法，表现所有人都听得入了迷。音乐安抚着每一个人的内心。

大人变成了孩子，孩子变成了大人，大家静静地坐在那里倾听，空气都凝固了。

米哈伊尔家的萨沙张着嘴巴，朝他叔叔探着身子，口水不停地往下流！他完全沉醉其中，手脚都不听使唤了，从椅子上滑到地板上，就用手撑着地，坐在地板上继续倾听。所有的人都听得入了迷。房间里两扇黑洞洞的小窗户，像两只黑黑的眼睛，瞪着空旷的夜空，摇曳的灯影像是它们不停变幻的眼神。

雅可夫舅舅全身绷得紧紧的，两只手像是被音乐之神附身

> 动作描写，表现了雅可夫舅舅弹奏技艺的精湛。

了，右手指在黑色的琴弦上以肉眼难以看清的速度移动着，如一只快乐的小鸟在飞速地抖动着翅膀；左手指则飞快地在弦上奔跑和跳跃着，快得让人难以置信。

他喝了酒以后，常常边弹边唱：

雅可夫假如是条狗，
他就要从早到晚叫不停。
嗷嗷，我苦闷！
嗷嗷，我忧愁！

一个修女顺着大街走，
一只老鸦站在墙上。
嗷嗷，我苦闷！
嗷嗷，我忧愁！

蛐蛐儿在墙缝中叫，
蟑螂嫌它闹。
嗷嗷，我苦闷！
嗷嗷，我忧愁！

一个乞丐在晒裹脚布，
另一个乞丐跑来将其偷走！
嗷嗷，我苦闷！
嗷嗷，我忧愁！
……

这首歌我从来没有听完，他一唱到乞丐，不知道为什么，我就会悲伤地哭起来。

茨冈也和大家一样爱听舅舅唱歌，他将手插进自己的黑头发里，低着头，喘着粗气。忽然他叹息道："唉，我要是能有副好嗓子就好了，我一定会唱个痛快的！"

> 通过"我"、茨冈、外婆的反应，说明悲伤的音乐影响了大家的心情。

外婆于是会说："好啦，雅可夫，别再刺激人了！来吧，弹首快乐的曲子，让茨冈给我们跳支舞吧！"

大家并不是每次都立即同意她的请求，不过雅可夫舅舅常常用手一把按住琴弦，攥（zuàn）紧拳头，一挥手，好像从身上甩掉了什么东西，猛地喊一嗓子："好啦，让忧愁和烦恼都走开吧！茨冈，该你上场了！"

茨冈拉拉衣服，理理头发，小心翼翼地走到厨房中间的空地上，脸红红的，微笑着提出要求："来一首《瓦西里奇》吧，要弹得快一点，雅可夫。"

吉他疯狂地响了起来，跟着这暴风骤雨般的节奏，茨冈踏起了细碎的舞步，震得桌子上的碗和碟乱颤。他像是一团熊熊燃烧的火焰，热情地张开双臂，大鹏展翅般上下挥动着，脚步快得让人看不清！

> 把茨冈比作一团熊熊燃烧的火焰，表现了茨冈舞艺精湛，充满了激情和活力。

跳到兴奋的时候，他会突然尖叫一声，朝地上一蹲，像一只金色的燕子在大雨来临之前飞来飞去。

茨冈放纵地跳着，如果把门打开，他就能跳到大街上去，跳遍全城！

"再来一遍！"雅可夫舅舅用脚在地板上击打着拍子，高声叫道。

茨冈说出一段俏皮的顺口溜：

风雨中的成长路

> 哎嗨！
> 舍不得这破草鞋呀，
> 不然我就远走高飞喽，
> 扔下我的爱人。
> 哎嗨！
> 舍不得这破草鞋呀，
> 不然我就远走高飞喽，
> 扔下我的孩子。
> ……

茨冈停了一下，跑到外婆身前，蹲了下来，围着她跳开了。

外婆两手舒展开，眉毛向上挑起，双目远眺，好似飘在空中一般在地板上滑行。

我觉得这个场面特别有意思，笑出了声，格里高里伸出一个指头点了点我的额头，所有的人都瞪了我一眼。

> 外婆跳舞的神态和动作让人感觉非常陶醉。

"茨冈，你别闹了！"

茨冈听从了格里高里的指挥，坐到了门槛上，叶芙格妮娅提起了嗓子，唱道：

> 从周一到周六，
> 姑娘织花边呀。
> 能累得死人哟，
> 不剩半口气儿。
> ……

外婆根本不是在跳舞，而是在用肢体和神情讲故事。

风雨中的成长路

3. 茨冈之死

她若有所思地眺望前方，又高又胖的身体靠两只很小的脚支撑着，摸索着向前移动。

她忽然停止了前进，前面有什么东西，令她颤抖！

马上，她又容光焕发了，她闪向一边，聆听着，笑容满面！

忽然，她转了起来，好像一瞬间高大了许多，力量和青春全都重新回到了她的身上。每个人的目光都被她吸引住了，大家像是看见了美丽的鲜花。

保姆叶芙格妮娅又唱起来了：

> 神态和动作描写，表现了外婆的舞艺高超。

> 音乐和舞蹈似乎让外婆回到了青春时代，大家都被充满活力的她吸引住了。

周日的午祷结束，
一直跳到夜半时分。
最后才回到家门，
可叹良宵苦短，又到周一。
……

外婆跳结束后，坐回到她原来的位置上。大家使劲地夸奖她跳得好。

她理了理头发，说："好啦！你们或许没有见过真正的舞蹈吧。以前我们巴拉赫纳有位女孩，她的名字我记不清了，可她的舞姿我却永远也忘不了！看她跳舞，只要看上一眼，就会幸福得昏过去，我太羡慕她了！"

"歌手和舞蹈家是世界上第一流的人物！"叶芙格妮娅认真地说，她又开始唱《国王达维德》。

039

雅可夫舅舅拥住茨冈说:"你真应该去酒馆了,去那儿跳舞,把人们都跳得发狂!"

"唉,我只希望有一副好嗓子,只要能让我唱上十年,以后哪怕让我出家当修士,我也愿意!"

大家开始喝伏特加,格里高里喝了很多。大家都向他敬酒。

外婆说话了:"小心点儿,格里高里,这样喝下去你会彻底成为瞎子的!"

格里高里十分镇静地说道:"瞎就瞎吧,我要眼睛也没什么用,我啥都见过了!"

> 从外婆和格里高里的话语中,"我"感受到别人对父亲的评价很高。

他越喝越多,但好像怎么喝也喝不醉,只是话变多了,一个劲地和我说起我的父亲:"他有一颗伟大的仁慈的心啊,我的小老弟,马克辛……"

外婆叹了一口气,说:"是啊,他就是上帝的儿子。"

> "我"初步感受到欢乐和忧愁是相依相伴的,这世间没有纯粹的快乐。

每一句话,每一件事,人们的每个表情、每个动作都吸引着我,甜蜜的忧愁溢满了我的心。是啊,欢乐和忧愁永远都是相依相伴的,不可分割地纠缠在一起。

雅可夫舅舅醉得不算厉害,他撕扯着自己的上衣,揪着自己的头发和浅色的胡须,嚷嚷着:"这算什么生活,为啥要这样活着呢?"

他捶胸顿足,泪流满面地嘟囔道:"我是流氓、下流坯子、丧家犬!"

格里高里突然叫道:"没错,你就是!"

外婆也醉了,抓着儿子的手说:"得了,雅可夫,你是什么样子的人，只有上帝最清楚！"

外婆现在显得十分漂亮，一双含着笑意的眼睛向每个人释放着爱意。她用头巾扇着红红的脸，声音颤抖地说："主啊，所有的东西都是这么美好！真是太美好了！"

这是她发自内心深处的感慨。

我对于一向无忧无虑的雅可夫舅舅的表现非常吃惊，我问外婆他为什么要哭，还打自己、骂自己。

外婆一反常态，并没有回答我的问题，只是说："你现在还小，不需要马上知道这个世界上发生的一切！但迟早你会理解的。"

> "我"不理解雅可夫舅舅的行为，而外婆也不想告诉我原因，这更增加了我的好奇心。

这就更让我好奇了。

我去染房问茨冈，他呵呵笑着，总也不回答，只是斜着眼睛瞄着格里高里。

被我问急了，他一把将我推了出去："滚！别再缠着我，否则我就把你扔进染锅里，也给你染个色！"

格里高里此时正站在炉子前，炉台又宽又矮，上面放着三口大锅，他用一根长木棍在锅里搅拌着，不停地把棍子拎出来，看一看顺着棍子往下滴的染料的浓稠度。

> 动作描写，可以看出格里高里技术娴熟。

火烧得非常旺，他那被染料染得花花绿绿的皮围裙的下摆反射着火光。

锅里的颜料咕嘟咕嘟地响，蒸腾起一团又一团的蒸汽，向门口飘去，院子里便升腾起白色的云块。

他抬起充血的眼睛，从眼镜上边瞧了瞧我，粗声粗气地对茨冈说："快点，劈柴去，长眼睛干什么用的？"

茨冈飞快地跑出去了。

格里高里坐到盛满颜料的口袋上,叫我过去:"过来!"

他将我放到他的膝盖上,大胡子盖住了我的半张脸,他说:"你雅可夫舅舅犯浑,将他的老婆给打死了!现在,他受到了良心的谴责。懂了吧?你可得小心点哟,什么都想知道,那是十分危险的!"

和格里高里在一起,我感到特别亲切,跟和外婆在一起一模一样。不同的是,他有时会让我感到害怕,尤其是他从眼镜上边瞧人时,好像他的目光能洞察一切。

"那么,是怎么打的?"

"晚上睡觉时,他用被子把她连头带脚蒙住,没头没脑地把她打了一顿,然后她就死了。"

"为什么要打她呢?"

茨冈这时抱了劈好的柴回来,蹲在炉子前烤手。

> 格里高里的话道出了好人受迫害的生存环境。

格里高里没注意,继续说:"或许是因为她比他好,他嫉妒她吧!他们这一家子人,都不喜欢好人,也容不下好人!你去问一下你外婆,就会知道他们是想怎样弄死你父亲的!你外婆什么话都会告诉你的,她从不说谎。虽然她也喜欢喝酒、吸鼻烟,可她确实是个圣人。她这个人有点傻气,你可要靠紧她啊!"

说完,他推了我一下,我便跌跌撞撞地到了院子中。

我的心情十分沉重,站在那里低着头。

茨冈赶上来,摸了摸我的头,低声说:"不用害怕格里高里,他是个大好人!你往后和他说话时要直盯着他的眼睛看,他喜欢那种感觉!"

我听到的这些事情让我无法平静。在我的印象中，父亲和母亲不是这样生活的。他们干所有的事情都是在一起，肩并肩地依偎着。

> "我"将印象中父母生活的场景与眼前的生活境遇作比较，表现了现实环境的恶劣。

夜里，他们经常谈笑到很晚，坐在窗子旁边大声地歌唱，街上的行人都看过来。那些看过来的面孔，让我想起了饭后的脏碟子。

可是在这个院子里，人们很少有笑容，偶然有人笑，你却不知道他在笑什么。

吵闹、威胁、窃窃私语是这儿常见的说话方式。

孩子们谁也不敢大声地玩闹，他们没人搭理，无人照顾，尘土一般微不足道。

在这里，我没有一点儿归属感，总觉得自己是个外人，整天如坐针毡，心事重重地看着这个家里发生的一切事情。

> "我"在这里生活得小心翼翼，内心充满了忧虑，非常压抑。

外婆整天忙这忙那，很多时候顾不上我，于是我就跟在茨冈的屁股后头转，我们的友谊越来越深。

每次外公打我，他就会用胳膊去挡，然后再把那被打肿了的地方伸给我看："唉，我挡也没什么用！你还是挨了那么多打，我被打得一点儿也不比你轻，算了，我以后再也不管了！"

但是下次他还是会管的。

"你不是不再管了吗？"

"唉，谁知道呢，一看到你挨打，我的手就会不自觉地伸了过去……"

他攥（zuàn）住我的手，说："你很瘦，但骨头硬，长大以后力气肯定特别大！你听我的话，学学吉他吧，让你雅可夫舅舅教你。你年纪小，学起来一定很容易！不过，你人虽然小，脾气倒挺大。你不喜欢你外公，对吗？"

> 潜意识的动作，表现了茨冈的单纯和善良，时时刻刻关心、爱护我。

"我也不清楚。"

"除了老太太，他们一家子我都不喜欢，只有魔鬼才会喜欢他们！"

"那么，你喜欢我吗？"

"你不姓卡什林，你姓彼什柯夫，你是另外一个家族的人！"

他忽然抱住我，低低地说："唉，假如我有一副好嗓子，我就能把人们的心都点燃，那该多好啊！好啦，你走吧，小弟弟，我要去干活了！"

> 语言描写，表现茨冈对美好生活的渴望！

他将我放到地板上，往嘴里塞了几颗小钉子，把一块湿漉漉的红布绷在一个大四方形木板上，用钉子钉紧。

这是我最后一次同他谈话。过了不久，他就死了。

> 交待茨冈出人意料的结局，设置悬念，激发读者的阅读兴趣。

事情是这样的。

院子中有一个橡木的大十字架，靠在围墙上，已经放了很长一段时间了。

我来的时候它就放在那儿了，那时它还挺新的，黄黄的。

可过了秋天，雨水把它淋黑了，散发出一股橡木的苦味，让拥挤、肮脏的院子显得更乱了。

3. 茨冈之死

这个十字架是雅可夫舅舅买回来的，他许了个愿，要在妻子去世一周年的祭日，亲自把它安到坟上。

> 交待事情的起因。

那是入冬后的一个大冷天，天寒地冻的。外公和外婆一大早就带着孙子、孙女到舅妈的坟地去了，我因为犯了错误，所以被关在了家里。

两个舅舅穿着黑色的皮大衣，将十字架从墙上推着竖了起来。

格里高里跟另外一个染坊伙计把十字架放到了茨冈的肩膀上。茨冈被压得打了个趔趄，但很快就叉开腿站稳了。

"怎么，挺得住吗？"格里高里问道。

"说不清，十分沉！"

米哈伊尔舅舅大喊道："快点开门，瞎鬼！"

雅可夫舅舅说道："茨冈，你不嫌害臊，咱俩加起来也不如你有力气！"

格里高里打开门，叮嘱茨冈道："你可小心点，千万别逞能，闪了腰！"

"秃驴！"米哈伊尔舅舅在街上喊了一声。

> 通过对比，表现了格里高里的善良、两个舅舅的自私和冷漠。

大家全都笑了，似乎为把这个碍事的大家伙弄走而高兴。

格里高里背着我进了染坊，将我抱到一堆准备染色的羊毛上面，又把羊毛围到了我的肩膀上。

他闻了闻锅里散发出来的气味，说：

"你外公今天或许不会打你，我看他眼神挺和气的！唉，小家伙，我跟你外公在一起待了三十七年了，他的事我最了解。

"最早，我们是朋友，一起做买卖。后来他当上了老板，因为他比我聪明，我不行。

"但是，上帝才是真的睿智，人间的聪明，在他看来都是不值得一提的。

"尽管你还不知道别人为什么那么做、那么说，但是你慢慢都会了解的。

"真苦啊！你的爸爸马克辛啥都懂，他可是个珍宝啊！也许就是因为他太聪明了，你外公才会不喜欢他的！"

听格里高里不停地聊天，我心里十分高兴。炉子里金红的火焰映红了我的脸，屋子里弥漫着雾似的蒸汽，它们升到房顶的木板上，变成了灰色的霜，从房顶的缝隙里往上看，可以看到一片蓝蓝的天空。

> 环境描写很细致，衬托"我"高兴的心情。

我爬在窗子上看出去，外面风小了，雨也停了，阳光灿烂，雪橇走在大街上，发出刺耳的声音。

大胡子格里高里身形高高瘦瘦的，支着一对大耳朵，又没戴帽子，真像个善良的巫师。

他搅动着颜料，继续他的话题："得用正直的眼光看待每一个人，即使是一条狗，你也要一样看待……"

我抬头看他，感觉非常神圣。看起来很沉重的眼镜架在他的鼻梁上，鼻尖上有许多发红的血丝，跟外婆一个样。

"啊，等一等，出什么事啦！"

他忽然用脚关上了炉门，先竖着耳朵听了一下，然后一个箭步冲进了院子。

> "我"对格里高里的印象特别好。在"我"的心目中，他和外婆一样，都是善良、正直的好人。

我跟着跑了出去。

茨冈被人抬进了厨房。他躺在地板上，从窗户射进来的光线被窗格分成了一道一道的，一道落在他脸上、胸上，一道则落在了他的腿上。

他的眉毛高高地挑着，额头放射出一种奇怪的光。眼睛一眨不眨地看着天花板，暗紫色的嘴唇不停地嚅动，吐出些红色的血沫来。

鲜红的血从他嘴里流到脸上，又流到脖子上，最后流到了地板上。很快，他就泡在了血里。

特写血液的流淌，暗示小茨冈伤势很重，为他的死增添了浓重的悲剧色彩。

他的两腿痛苦地扭曲着，像是被血黏在了地板上。

地板擦得很干净，鲜红的血像一条小溪在上面流淌，横穿过一道道光线，流向门口。

茨冈直挺挺地躺着，只有手指头还在微微抽动，手指头上的血迹在阳光下发着光。

保姆叶芙格妮娅把一支细蜡烛塞进茨冈的手里，可他根本抓不住。蜡烛倒了，掉进了血泊之中。叶芙格妮娅捡起蜡烛来，用裙角擦干净，又塞向茨冈的手。

用蜡烛的倾倒，暗示茨冈的生命正在逐渐消逝。

所有人都在议论着，我的腿有点发软，几乎站不住，于是赶忙扶住了门环。

雅可夫舅舅战战兢兢地来回走着，低声道："他摔倒了……被压住了……砸在背上……我们一看不行，就赶忙扔掉了十字架……要不我们也会被砸死的……"

他面如枯槁，两眼无神，看上去疲惫不堪。

格里高里愤怒地喊道："就是你们砸死了他！"

"是的，是的，那又怎么样？"

"你，你们！"

血在门槛边上聚成一堆，渐渐发黑，好像鼓了起来。

茨冈不停地吐着血沫，低低地呻吟着，声音越来越小，人也干瘪了下去，像是贴在地板上，似乎要嵌进去。

雅可夫舅舅低声说道："米哈伊尔去找爸爸了！是我雇了一辆马车将他拉了回来的！唉，幸亏不是我亲自背着，否则……"

叶芙格妮娅还在将蜡烛往茨冈手里塞，蜡烛油像泪水似的，一滴一滴，滴进了他的手掌心。

格里高里吼道："行啦，叶芙格妮娅，你把蜡烛竖在地板上就行了，笨蛋！"

"哎！"

"把他的帽子摘下来。"

保姆把茨冈的帽子摘了下来，他的后脑勺落在地板上，沉沉地响了一声。

他的头歪向一边，血沿着嘴角往外淌，流得更多了。

我等了很久，希望茨冈休息好了就站起来，坐在地板上，吐一口唾沫，说："呸，真热啊……"

但是没有。

他还是那样躺着，一直干瘪下去。

他脸越来越黑，指头不再动弹，嘴角也不流血沫了。他的头顶跟两个肩膀上，分别插着三支蜡烛，黄色的火焰摇曳不定，照亮了他蓬乱的头发。

旁注：
- 语言描写，表明了两位舅舅对茨冈生命的漠视。
- 动作描写，表现叶芙格妮娅的悲伤。
- 茨冈已经失去了往日的生机与活力，渐渐走向死亡。

叶芙格妮娅跪在地上哭道:"我的小鸽子,我的小宝贝……"

我觉得特别冷,畏畏缩缩地爬到桌子下面躲了起来。

外公穿着貂绒大衣,脚步沉重地走进来。穿着毛尾巴领子皮大衣的外婆、米哈伊尔舅舅、孩子们,还有很多陌生人,也都挤了进来。

外公将皮大衣往地板上一扔,吼道:"混蛋!你们将一个多么能干的小伙子给毁了!再过几年,他就是无价之宝啊!"

皮大衣正好挡住了我的视线,于是我向外爬了几步,碰到了外公的脚。

他恨恨地踢了我一下,举起拳头朝舅舅们挥舞着:"你们这些狼崽子!"

他一屁股坐到了凳子上,呜咽了几声,却没有流泪:"他是你们的眼中钉,这个我知道!唉,茨冈,你怎么会不知道呢?傻瓜!"

> 外公对舅舅害死茨冈这件事非常生气。

说着,他转头问外婆:"我说,怎么办?嗯,怎么办?上帝为什么这么不帮助我们,嗯,老婆子?"

外婆趴在地板上,两只手不停地摸索着茨冈的脸和身子,搓着他的手,盯着他的眼看,把蜡烛都给碰倒了。

> 动作描写,表现外婆对茨冈的爱,对弱小生命的真诚爱护。

她慢慢地站了起来,脸色铁青,两眼瞪得圆圆的,可怕地低吼着:"滚!都滚出去!可恶的畜生!"

除了外公,别的人都出去了。

茨冈就这么死了,悄无声息地被埋掉了。

渐渐的,人们就把他忘掉了。

茨冈为什么会死？大家对他的死亡分别是什么态度？从中你感受到什么？

4. 染坊失火

睡觉时，我躺在一张大床上，裹了几层大被子，静静地听着外婆做祷告的声音。

外婆跪在地板上，一只手按在胸口，另一只手不停地画着十字。

外面寒风刺骨，月光透过窗玻璃上的冰花，照在外婆那善良的大鼻子上，她的双眼像磷火似的闪闪发光。绸子头巾在月光下闪着金属的光泽，从她头上飘落下来，铺在地板上。

> 尽管天气寒冷，但外婆仍然坚持祷告，可见她对上帝非常虔诚。

外婆做完祷告，脱掉衣服，折好并放好，走到我床前，我赶忙假装睡着了。

"又装模作样呢，小鬼。没睡着吧？好孩子！"

她这么一讲，我就知道她下一步要做什么了，于是"噗哧"一声笑了，她也大笑："好啊，竟敢和我老太婆作怪！"

她说着抓住被子的边，用力一拉，我被抛到空中打了个转，落到鸭绒褥（rù）垫上。

"小鬼，怎么样，吃亏了吧？"

我们一起笑了很久。

有时，她祈祷的时间很长，我也就真的睡熟了。

哪一天家里有了吵嘴或打架的事情发

> 外婆把自己的家事对"主"坦诚相告，可见其信仰上帝。

生，哪一天外婆的祈祷就会长一些。她会把家里的事一点不漏地全都告诉上帝，非常有意思。

她跪在地上，就像一座小山似的，开始声音还比较含混，后来干脆就变成了和上帝聊家常：

"主啊，您知道，所有人都想过好日子！米哈伊尔是老大，他应该住在城里，要是让他搬到河对岸去住，他认为太不公平，说那是没有住过的新地方。但他的父亲比较喜欢雅可夫，他是有点偏心眼！

> 语言描写，表现外婆为两个舅舅分家的事烦恼，希望外公能处理好这个问题。

"主啊，请您开导开导这个倔老头子吧！

"主啊，您托个梦给他，让他明白应当怎么给孩子们分这个家吧！"

她看着那发暗的圣像，一会儿画十字，一会儿磕头，大脑袋磕得地板嘭嘭直响。

然后，她又开了口：

"也给瓦尔瓦拉一些快乐吧！她哪个地方让您生气了？她有什么罪过？为什么落到了这步田地，每天都处在悲伤之中？"

> 外婆非常同情母亲的遭遇，深爱着母亲。

"主啊，您不要忘了格里高里！他如果瞎了，就只能去讨饭了！他可是为我们老头子耗尽了心力啊！您可能认为我们老头子会帮他一把吧！唉，主啊！这是不可能的啊！"

> 外婆不仅关心家人，还关心家里的仆人格里高里，可见他的心胸宽广、善良、博爱。

她陷入了沉思，低着头，像睡着了一样。

"还有些什么呢？……噢，对了，救救所有的正教徒吧，怜悯怜悯他们吧！原谅我，我的过错，只是因为我的愚昧啊！"

她叹息了一声，真诚地赞美道："我万能的主啊，您无所不知，您无所不能！"

我对于外婆的这个上帝十分喜欢，他跟外婆总是那么亲近。

我央求外婆说："给我讲一讲关于上帝的故事吧！"

一讲到关于上帝的故事，外婆总是显得十分庄重，坐直身子，闭上眼睛，拉长声调，而且声音放得很低很低：

"在群山之中，在天堂的草地上，在银白的菩提树下，在蓝宝石的宝座上坐着我们的上帝。不管是冬天还是秋天，菩提树永远枝繁叶茂，天堂的花永远不会凋落，上帝的信徒们快乐地生活在一起。

> 在外婆心中，上帝是最美、最纯洁、最幸福的存在。

"上帝的身旁围绕着成群结队的天使，像勤劳的蜜蜂，又像一片片的雪花！他们降临到人间视察，然后回到天堂向上帝汇报！

"这些天使中，有你的，也有我的，还有你外公的，每个人都有一个天使专门负责，上帝对每个人都是平等的。

"例如，你的天使向上帝报告说：'阿廖沙对着他的外祖父伸舌头做鬼脸！'上帝就会说：'好吧，让老头子把他好好修理一顿。'

"天使就是这么把世间的事向上帝汇报，又将上帝的命令下达给世间的，上帝给每个人的旨意都不一样，有的是快乐，有的是不幸。

"在上帝居住的天堂里，一切都是美好的，天使们快乐地做游戏，不停地歌唱：'光荣属于您，主啊，光荣属于您！'而上帝只是朝他们微笑，脑袋轻轻地摇晃着……"

"您看见过这些吗？"

"没有。但是我知道。"她沉思片刻，对我说。

每次提到上帝、天堂、天使，她都特别慈祥，人好像也变年轻了，脸色红润，容光焕发。我将她的辫子缠到自己的脖子上，聚精会神地听她讲那些百听不厌的故事。

> 从外婆讲上帝时的神态、表情、动作，可以感受到她对上帝的虔诚。

"普通人是看不见上帝的，假如你一定要看到，就会变成瞎子。只有圣人才可以见到上帝。天使嘛，我见过的。只要你眼睛明亮，心思端正，他们就会出现。

"有一回我在教堂里做晨祷，祭坛上就有两位天使，翅膀尖挨着地板，好像花边。他们绕着宝座飞来飞去，帮助衰老的伊里亚老神甫。他举起手祈祷，他们就扶着他的胳膊。但他太老了，眼睛也瞎了，没过多久就死了。

"我看见了那两位天使，真的太高兴了，眼泪不停地往外流，噢，真是太漂亮了！

"阿廖沙，我亲爱的宝贝，不管是天上还是人间，只要是上帝的，一切都是美好的……"

"我们这里的一切也都是美好的吗？"

外婆又画了个十字："感谢圣母，一切还好！"

> "我"和外婆的对话，表明"我"对当前生活的不满。"我"满眼看到的是暴力、仇恨、自私、冷漠，"我"逐渐对生活有了深层次的认识。

这就使我纳闷了，这儿也算还好！我们的日子可是越过越坏了啊！

有一次，我从米哈伊尔舅舅的房门前经过，看见穿着一身白色衣服的娜塔莉娅舅妈双手按着胸口，在屋里乱喊乱叫："上帝啊，将我带走吧……"

我知道她为什么那么喊，也明白为什么格里高里总是说"瞎了眼去要饭，都比待在这儿强"。

我盼望他赶紧瞎了，那样我就可以给他带路了，我们一起离开这儿，到外面去要饭。

我把这个想法和他说了，他笑道："那太好了，咱们一起去要饭！我就到处大声喊叫：这是染坊行会头子瓦西里·卡什林的外孙，大家行行好吧！"

"那太有意思了！"

我留意到娜塔莉娅舅妈的眼睛底下有几块青黑色的淤血，嘴唇也红肿着，就问外婆："那是舅舅打的吗？"

外婆叹了口气说："唉，是他偷偷打的。该死的东西！你外公不让他打，他就晚上打！这小子狠着呢，他媳妇儿却又那么软弱……"

外婆越讲越来劲，这些话都是她一直想说的：

"现在你舅舅没有以前打得厉害了！打打脸，揪揪辫子，也就算了。以前他一打就是几个小时呀！"

"有一次你外公打我，那是复活节的前一天，他从午祷一直打到晚上，他打一会儿歇一会儿，用木板，用绳子，啥都用上了。"

"他为什么打您？"

"记不清楚了。"

"有一次，他差点把我打死，一连五天都没法吃东西。唉，

> 所有人都想离开这里，表明这个家不像外婆所说的那样。

> 通过外婆的讲述，表现了米哈伊尔舅舅的凶残。

> 从外婆的描述中，感受到外公的野蛮、暴力、残忍，也表现了外婆的隐忍。

我这条命是捡回来的呀!"

这实在让我感到惊讶,外婆的身高几乎是外公的两倍,她难道打不过他?

> 外婆的语言描写,表现了她对上帝的信仰,以及逆来顺受的性格特点。

"他有什么绝招吗?您为什么打不过他?"

"他没什么绝招,但是他岁数比我大,又是我的丈夫!他是承袭了上帝的旨意的,我是命该如此……"

她擦干净圣像上的灰尘,双手将圣像捧起来,望着上面晶莹剔透的珍珠和宝石,激动地说:"啊,多可爱!"

她画着十字,亲吻着圣像:"万能的圣母啊,你是我生命中永恒的快乐!阿廖沙,好孩子,你瞧瞧,这画工多细致啊,每一个花纹都那么清楚。这是'十二祭日'当中至善至美的菲奥多罗芙斯卡娅圣母。这里写着:'圣母,如果看见我进棺材,请不要落泪。'"

外婆经常这样一边絮叨,一边摆弄着圣像,就好像受了气的表姐卡杰琳娜摆弄洋娃娃似的。

外婆说她常常看见鬼,小的时候见过一个,有的时候还看见一大群:

"一个大斋期的深夜,月光皎洁,一切都亮堂堂的。我从鲁道里夫家门前经过,突然发现他家房顶的烟囱旁边,坐着一个黑色的鬼!他头上长着犄角,在闻烟囱里飘出来的气味呢!"

"那家伙长得很高大,毛茸茸的,尾巴在房顶上扫来扫去,哗哗作响!"

"我赶忙画十字,祈祷说:'基督复活,小鬼遭殃。'那个鬼尖叫一声,从房顶上掉了下去!"

"原来啊,那天鲁道里夫在家里煮肉,鬼是闻着肉的香味跑过去的!"

我想象着鬼从房顶上掉下来的样子,笑得直打滚。

外婆也笑了:

"鬼和小孩子一样,很淘气。有一回我在浴室里洗衣服,一直洗到半夜,炉子的门突然开了,从炉子里跑出了一群小鬼!这些小家伙,一个比一个小,有红的,有绿的,有黑的,有白的!

"我快步往门口跑,可是他们挡住了我的道,占据了浴室的每一个角落,他们到处乱跑,对我拉拉扯扯的,我都没法伸出手来画十字了!

"这些小东西毛茸茸的,既柔软又温暖,像小猫似的,头上的角刚冒出尖,尾巴像猪尾巴一样……

在外婆心中,这些鬼淘气、可爱、温暖,给人带来了快乐。

"我吓得晕了过去!醒来一看,蜡烛烧尽了,澡盆里的水也凉了,洗的衣服被扔得到处都是!

"真的是活见鬼了!"

我一闭上眼睛,就能看见那些红的、绿的、黑的、白的、满身是毛的小家伙们从炉门里跑出来,满地都是,挤满了屋子。他们吐出粉红色的舌头,吹灭蜡烛,样子很可爱,又有些可怕。

外婆沉思了一会儿,又来了劲:

"还有一回,我看见了被诅咒的人。那也是在夜里,刮着风,下着雪,我在姆可夫山谷里走着。你还记得吗,我给你讲过,米哈伊尔和雅可夫想在那里把你的父亲淹

两个舅舅曾经想害死"我"的父亲,可见他们凶残、冷漠的程度。

死的。

"我走到那儿时,突然听见了一阵尖叫声!我猛地抬头,看见三匹黑马拉着雪橇(qiāo)狂奔过来!

"一个大个子鬼赶着三匹马拉的雪橇,冲了过来,他头戴红帽子,坐在车上活像个木桩子。雪橇很快就消失在风雪之中了,车上的鬼们吹着口哨,挥动着帽子!后头还有七辆这样的雪橇,一辆接着一辆,又都马上消失了。

> 外婆对黑马的解释,让人感觉合情合理、意味深长。

"马都是黑色的。你知道为什么吗?马都是让父母诅咒过的人,鬼驱赶着它们取乐。到了晚上,鬼就让它们拉着去参加宴会!那回我看见的,可能是鬼在娶媳妇……"

外婆的故事十分真实,让我不得不信。

我不太爱听外婆念诗。

有一首诗,讲的是圣母到人间视察苦难的事。她指责女强盗安加雷柴娃公爵夫人,让她们不要抢劫和毒打俄罗斯人。

> 外婆的知识很丰富,给我带来了很多快乐。

有的诗讲的是天之骄子阿列克塞,有的说的是斗士伊凡,或者英明的华西莉莎。还有公羊神甫和上帝的教子,外婆肚子里的诗歌、童话和故事,好像怎么也讲不完。

外婆啥都不怕,她不怕鬼,也不怕外公或者是什么邪恶的人,可就是特别怕蟑螂。蟑螂在离她非常远的地方,她都能听见它们爬的声音。

> 通过对比,表现外婆对蟑螂的极度害怕。

她常常在半夜里把我叫醒,说:"亲爱的阿廖沙,有一只蟑螂在地上爬,看在上帝的分上,赶快去把它碾死吧!"

我迷迷糊糊地点上蜡烛,在地板上爬来爬去地寻找蟑螂,可不是每次都能找得到。

有时，我说："没有啊！"

外婆用被子蒙住头，躲在被窝里，含含糊糊地说："肯定有的，我求你再找一下！它又来了，在爬呢……"

她的听觉真是太灵敏了，我果然在离床很远的地方找到了那只蟑螂。

"碾死了。"

"噢，感谢上帝！也谢谢你，我的心肝！"

她掀开被子露出头来，笑了。假使我找不到那条小虫子，她就睡不着了。

在死寂的深夜之中，她的耳朵异常灵敏，稍有一点儿动静，她就会发现，于是颤抖着说："蟑螂又来了，我听见它在箱子下面爬呢……"

"你为什么这么怕蟑螂呢？"

外婆会拿出一套自己的理论讲起来："上帝给每一种小虫子特定的使命：土鳖出现，说明屋子里潮了；臭虫出来，是因为墙脏了；跳蚤咬谁，那谁就会得病……只有这些黑乎乎的小东西，爬来爬去的，谁知道有什么用处？上帝派它们来做什么？"

这一天，她正跪在那里虔敬地向上帝做祷告，外公冲了进来，吼道："上帝来了！老婆子，外头着火了！"

"什么？啊！"

外婆"腾"的一下从地板上跳了起来，飞奔出去。

"叶芙格妮娅，将圣像拿下来！娜塔莉娅，快替孩子们穿上衣服！"外婆大声地指挥着。

> 动作描写，表现了外婆速度快，反应敏捷，与平时的行为形成鲜明的对比。

风雨中的成长路

> 灾难来临，外公非常慌乱，和镇定指挥救火的外婆形成鲜明的对比。

外公只是在那里痛哭流涕。我跑进厨房，院子里的火光映在地板上，到处是闪烁的红光。

雅可夫舅舅一边穿靴子，一边乱跳，似乎地上的红光烫了他的脚似的。

他大喊："是米哈伊尔放的火！他逃啦！"

"混蛋，你胡说！"

外婆大声训斥他，伸手一推，他差点跌倒。

染坊的房顶上，火舌乱卷着，舔着门和窗。

寂静的黑夜中，火苗如红色的花朵，跳跃着盛开了！

黑云在高处升腾，却挡不住天上银白色的天河。

白雪成了红雪，墙壁似乎在抖动，红光流泻，金色的带子缠绕着染房。

> 令人恐怖的火灾场景。

突突、嘎巴、沙沙、哗啦，各式各样奇异的声音一起奏响。

我抓了一件笨重的短皮大衣，将脚伸进了不知道是谁的鞋子里，吐噜吐噜地走上了台阶。

门外的场面实在太让人害怕了，火舌乱窜，外公、舅舅、格里高里的叫喊声与啪啪的爆裂声汇成了一片。

> 在如此混乱的情况下，外婆却冷静地冲入大火中，表现出她的沉着、勇敢。

外婆头上顶着一只空口袋，身披棉被，冲进了火海，她大喊着："混蛋们，硫酸盐要炸了！"

"啊，格里高里，快点拉住她，快点！"

"唉，这下子她可要完蛋啦……"

外公狂叫着。

外婆从火里钻了出来，两手端着一大桶硫酸盐，浑身上下都冒着烟。

"老头子，快将马牵走！"外婆哑着嗓子喊道，"还不快帮我脱下来，瞎啦？我都快烧着了！"

格里高里用铁锹铲起大块大块的雪朝染坊里扔去；舅舅们拿着斧头在他旁边乱蹦乱跳；外公忙着朝外婆身上扔雪。

外婆将那个桶塞进雪堆之后，打开了大门，向跑进来的人们哀求着："各位街坊邻居，快进来帮忙救火吧！马上就要烧到仓库了，我们家要被烧没了，你们也会遭殃的！"

"来吧，将仓库的顶子掀开，把干草都扔出去！

"格里高里，快点！

"雅可夫，别乱跑，把斧头拿过来，把铁锹也拿过来！

"各位，各位，行行好吧，愿上帝保佑你！"

外婆的表现和这场大火一样好玩。大火似乎想要抓住她这个一身黑衣服的人一起玩，无论她走到哪儿，都把她照得通亮。外婆东奔西跑，指挥着所有人。

写出外婆临危不乱，指挥能力强。

沙拉普跑到了院子里，唰的一下立了起来，将外公弄了个大跟头。这匹马的两只大眼睛被火光映得格外明亮，它不停嘶叫，不安地躁动着。

"老婆子，拉住它！"

外婆跑过去，张开双臂。

马嘶叫了一声，终于顺从地让她牵到了旁边。

"别怕，别怕！不会让你受伤害的，亲爱的小老鼠……"

她轻拍着它的脖子，对它说着。

这个比她大三倍的"小老鼠"乖乖地跟着她往大门口走去，一边走一边不停地打着响鼻。

叶芙格妮娅将哇哇直哭的孩子们一个一个抱了出来，她大声叫道："瓦西里，阿廖沙找不着了……"

我藏在台阶底下，怕她将我拉走，我还想看看呢。

"好啦，走吧走吧！"外公挥了挥手。

染坊的顶塌了，从几根梁柱上窜起烟来，直冲向天空。染坊里头噼啪直响，红色的、绿色的、蓝色的旋风将一团团的火焰扔到了院子里，威胁着人们。

> 运用视觉和听觉，将火灾场面写得具体、形象，让人身临其境。

大家用铁锹铲雪，一个劲地往染坊里扔，几口大染锅疯狂地沸腾着，院子里充斥着一股难闻的气味，熏得大家直流眼泪。

我只好从台阶底下爬了出来，正好碰着外婆的脚。

"滚开，踩死你！"外婆大叫一声。

突然，一个人骑着马冲进了院子。

他头上戴着盔帽，高高地扬着鞭子，说道："快点让开！"

> 侧面描写，从枣红马"吐着白沫"可见火势之严重。而外婆却将我推出，可见她时刻关心和爱护着"我"。

枣红马吐着白沫，脖子下急促的小铃铛的响声停住了。外婆将我往台阶上推："快走，快点儿！"

我跑到厨房里把脸贴在窗玻璃上朝外看，但是人群挡住了火场。我只能看见那骑马人的盔帽的反光。

火给压下去了，最终熄灭了。

警察将人群驱散，外婆疲惫地走进了厨房。

"谁啊？是你啊！别怕，没事了！"

她坐在我身边，身子晃了晃。

大火熄灭了，便没什么意思了。

外公走进来，一只脚踩在门里，另一只脚踩在门外，问："是老婆子吗？"

"嗯。"

"烧着没？""没事！"

他划了根火柴，一点黄光，照亮了他那满是烟和灰尘的脸，像是黄鼠狼似的。

蜡烛亮了，外公靠着外婆坐了下来。

"你去洗洗脸吧！"外婆说，其实她自己脸上的烟和灰尘更多了，黑乎乎的一大片。

外公忽然叹了一口气，说："上帝大发慈悲，赐给你智慧和力量，否则……"

他摸了摸外婆的肩膀，讨好地笑了一下："上帝保佑！"

外婆也笑了一笑。

外公的脸色突然一变，气呼呼地说道："哼，都是格里高里这个王八蛋，粗心大意，他真是不想干了，活腻歪了！"

"雅可夫正在门口哭呢，这个混蛋，你去看看他吧！"

外婆一边吹着手指头，一边走了出去。

外公眼睛看着别处，轻声地对我说："看见着火了吗？你外婆怎么样？她岁数大了，吃了一辈子的苦，又有病，可她还是挺能干的！唉，你们这些人哪……"

房间里一阵沉默。

过了半天，外公问："害怕了没？"

"没有。"

"是没什么可害怕的。"他脱掉了衬衫，洗了脸，一跺脚，叫道："是哪个混蛋？应该把他拉到广场上去抽一顿！你怎么还不去睡觉，坐在这儿想干什么？"

我于是去睡觉了，但是没有睡成。

刚躺到床上，一阵嚎叫声又把我从床上拽起来。

我跑到厨房里，外公拿着蜡烛站在地板上，他双脚在地上来回蹭着，问："老婆子，雅可夫，怎么了？出了什么事？"

我爬到炕上，静静地看着屋子里一片混乱。

> 连续运用两个比喻，描绘了屋子里的混乱，与外婆的表现形成鲜明的对比，突出她的镇定。

嚎叫声有节奏地持续着，有如波浪般拍打着天花板和墙壁。外公和舅舅像两只没头苍蝇似的到处乱撞，外婆呵斥着，让他们闪开。

格里高里抱着柴火放进了火炉，朝铁罐里倒了点水，他晃着大脑袋来回踱着步，像阿斯特拉罕的大骆驼。

"先把火生着！"外婆指挥道。

格里高里赶忙去找松明，一下子抓住了我的脚："啊，谁呀？吓死我啦，原来是你这小鬼！"

"这是在干什么啊？"我问。

"你的娜塔莉娅舅妈要生孩子！"他面无表情地回答我。

在我印象中，我妈妈生孩子从来没有这么叫过啊。

格里高里将铁罐子放到了火上，又走回我身边。

他从口袋里摸出一个陶制的烟袋说："我要抽烟了，为了我的眼睛！"

> 外貌描写，通过对格里高里火灾过后的样子的描写，表现他的狼狈和可怜，夹杂着"我"的同情。

烛光照着他的脸，他半边脸上沾满了烟渣，衬衫撕破了，可以看见他的一根根肋骨。他的眼镜片中间掉了一小块，从那个破洞里，可以看见他那双眼睛。

他将烟叶塞进了烟锅，听着产妇的嚎

叫，前言不搭后语地说："看看，你外婆都给烧成什么样了，她还能接生吗？你听，你舅妈叫的，别人可是忘不了她了！你瞧瞧吧，生孩子有多困难，就是这样，人们却还是不尊敬妇女！你可得尊敬女人，尊敬女人也就是尊敬母亲！"

> 格里高里及时抓住机会教育"我"要尊重妇女，促进了"我"人生观、价值观的形成。

困意袭来，我坚持不住了，于是慢慢闭上了眼睛。嘈杂的人声、关门的声音、喝醉了的米哈伊尔舅舅的叫声不断地把我吵醒，我时断时续地听见了几句很奇怪的话：

"打开上帝之门……"

"来来来，半杯油，半杯甜酒，再一勺烟渣子……"

"让我看看……"

最后那句是米哈伊尔舅舅无力的叫声。我醒过来，看见他瘫在地板上，两只手无力地拍打着。

我从炕上跳了下来，炕烧得太热了。

米哈伊尔舅舅突然抓住了我的脚脖子，一使劲，我仰面朝天地躺了下去，脑袋砸在了地板上。

"混蛋！"我大骂道。

他突然跳了起来，把我拉起来又扔到了地上："摔死你这个小王八蛋……"

我昏了过去。

当我醒来时，发觉自己正躺在外公的膝盖上。

他抬着头，摇晃着我，说："我们都是上帝的不肖子孙，谁也得不到饶恕，谁也不会得到……"

桌子上还点着蜡烛，但窗外已有了曙光。

外公低头问我："怎么样了？哪里疼？"

浑身都疼，头很沉，但我不想对他说。

四周的一切太奇怪了,大厅里的椅子上坐满了陌生人,有神甫,有几个穿军装的老头子,还有一群说不上是做什么的人。他们一动不动,似乎在谛听天外传来的声音。

雅可夫站在门边上。外公跟他说:"你,带他睡觉去吧!"

舅舅做了个手势,叫我跟着他走。

进了外婆的房间,我爬上了床,他才低声说:"你娜塔莉娅舅妈死了!"

我对这个消息并不感到十分吃惊,因为她很长时间不露面了,不到厨房里吃饭,也不到院子里来。

"那外婆呢?"

"在里面呢!"

他挥了挥手,走了。

我躺在床上,东张西望,无所事事。

墙角挂着外婆的衣服,那后头好像藏着个人似的,而窗户上好像有一张人脸,他们的头发都特别长,全是瞎子。

我藏到了枕头下,用一只眼窥视着门口。

太闷了,闷得令人窒息,我突然想起了茨冈死时的样子,地板上的血在慢慢地流淌。

"我"将自己藏起来,却又"用一只眼窥视着门口",体现了"我"既害怕又好奇的心理。

我身上似乎碾(niǎn)过了一个载重的卡车,把一切都碾碎了……门,缓慢地打开了。

外婆几乎是爬进来的,她是拿肩膀开的门。

她朝着长明灯伸出两只手,孩子似的哭叫:"疼啊,我的手!"

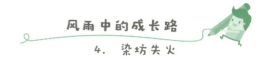

4. 染坊失火

结合"染坊失火"这个情节,简要分析外婆的形象特点。

5. 别样的外公

春天来的时候，分家的事终于办妥了。

雅可夫舅舅分到了城里，米哈伊尔舅舅分到了河对岸。外公在波列沃伊大街上买了一栋挺有意思的大宅子——楼下是酒馆，上面是阁楼，后花园外是一个山谷，到处都栽着柳树。

"看见了没，这可都是好鞭子！"外公踩着融化的雪，一边走，一边指着路边的柳条说。

他狡猾地眨了眨眼睛："很快就要教你识字了，到那个时候，鞭子就更有用了。"

这个宅子里，住满了房客。

外公在楼上给自己留了一间，外婆和我则住在阁楼上。

> 醉汉的动作很可笑，给"我"的生活带来了乐趣。

阁楼的窗户面朝大街，夜晚常可以看见成群结队的醉汉们从酒馆里走出去，东摇西晃，乱喊乱叫的。而节假日，一整天都有醉汉进进出出。

有时那些醉汉是让人家从酒馆里给扔出来的，但他们在地上打个滚，又爬起来往酒馆里挤。

哗啦，吱扭，嘎巴巴，哎哟哟……一阵乱七八糟的响声突然响起，他们开始打架了！

站在阁楼的窗户前看这些，真是有趣极了！

每天一大早，外公就去两个儿子的染坊看看，顺便搭把手。晚上回来，他总是一副又气又累的样子。

外婆在家做饭，缝洗衣服，在园子里种菜，每天都忙得团团转。她吸口鼻烟，舒舒服服地打上几个喷嚏，再擦擦脸上的汗水，心满意足地说道："噢，感谢圣母，一切都变得如此美好了！阿廖沙，我亲爱的宝贝，咱们过得多么安宁啊！"

> 勤劳、能干的外婆，生活非常忙碌。

安宁吗？我一点儿也没觉得这日子安宁！

一天到晚，房客们在院子里闹哄哄地走来走去，邻居家的女人们经常跑过来，说这说那的，不知道在忙些什么。

> 将"我"和外婆对生活的看法进行对比，突出了外婆乐观、豁达的生活态度。

老有人招呼外婆："阿库琳娜·伊凡诺芙娜！"

阿库琳娜·伊凡诺芙娜对谁都那么和蔼可亲，无微不至地关心着每个人。

她用大拇指把鼻烟粉塞进鼻孔，小心地用红方格手绢擦一下鼻子和手指，然后开口说：

"我的太太，预防长虱（shī）子，就要经常洗澡，洗薄荷蒸气浴！

"长了癣疥（jiè）也没啥要紧，一勺干净的鹅油、三两滴水银，放在碟子里，用一片破洋磁研七下，擦到身上就管用啦！千万不能用木头或骨头来研，那样水银就失效了；也别用铜或银制的器皿，那样会伤皮肤。"

> 外婆见多识广，生活经验非常丰富，且乐于帮助他人。

有时候，她略一沉思，说："大娘啊，您去彼卓瑞找阿萨夫吧，我解答不了您的疑问。"

她替人家接生，调解家庭纠纷，给孩子们看病，背诵《圣母的梦》。据说，女人会背它，可以有好运气！

她也给房客们介绍一些日常生活的常识：

"黄瓜什么时候该腌了，它自己就会告诉你，那就是没了土腥气。

"格瓦斯要发酵以后才够味，可千万别做得太甜了，放一点葡萄干就行了。如果放糖的话，一桶酒最多只要放上半两糖。

"酸牛奶有很多种做法：有西班牙风味的，有多瑙河风味的，还有高加索风味的……"

我成天跟着她在院子里跑来跑去，跟在她身后串门。

有时候她在别人家里一坐就是好几个小时，喝着茶，说各种各样的事情。

> 将"我"比喻成外婆的"尾巴"，突出了"我"依恋外婆。

我仿佛成了她的尾巴。

在这一段生活的记忆当中，除了这位整天忙个不停的老太太外，我的脑子里就是一片空白了。

有一次我问外婆："您会巫术吗？"

她笑了一笑，想了一下回答："巫术可是一门学问啊，很难的，我可不行，我不认得字！你看你外公，他多聪明啊，他认字，圣母可没让我有智慧！"

然后她说起了她自己的事情：

> 外婆的讲述，交待了她的不幸身世。

"我打小就是孤儿，我母亲很穷，还是个残废！她做闺女时让地主吓的，晚上她跳窗户，摔残了半边身子！她的右手萎缩了。这对于一个以做花边为生的女佣来说，可是致命的打击！

5. 别样的外公

"地主赶走了她。她到处流浪，以乞讨为生。那时，人们比现在富有，巴拉罕纳的木匠和织花边儿的人们，都十分善良。

"每年秋天，我都跟着母亲留在城里要饭，等冬天过去，我们就接着向前走，走到哪儿是哪儿。我们去过穆罗姆，到过尤列维茨；沿着伏尔加河往上游走过；也沿着静静的奥卡河走过。

"春夏之后，在大地上四处流浪，真是一件美事啊！青草绿油油的，鲜花盛开，自由自在地呼吸着空气！

"有时，母亲闭上蓝色的眼睛，唱起歌来，花草树木都竖起了耳朵听着，风停了，大地也在听她歌唱！

"流浪的生活实在有趣极了，可我逐渐长大了，母亲觉得再领着我到处要饭，真是有点不好意思了。所以，我们就在巴拉罕纳城住了下来。每天她都到街上去，挨家挨户地乞讨，每逢什么节日，就到教堂门口去等着人们布施。

"我呢，就坐在家里学习织花边，我拼命地学，想学会了，能帮助母亲。两年多的时间，我就学会了全部的花样，也有了名气，人们都来找我做手工了。一听见有人说：'喂，阿库琳娜，替我织一件吧！'我就特别高兴，像是过年似的！

> 外婆小时候非常懂事，会主动帮助母亲。

"这当然都是我妈妈教得好，尽管她只有一只手能动，没法亲自操作，可她很会教人。你要知道，一个好老师比啥都重要！

"我总是有点怕她。有时，我对她说：'妈妈，你别再去要饭了，我可以养活你啦！'她说：'你给我闭嘴，你要知道，这是替你攒钱做嫁妆的！'

"后来，你外公就出现了，他可是个出色的小伙子，才二十二岁，就做了一艘大船的工长了！

"他的母亲仔细地看了看我，觉着我的手挺巧，又是讨饭人的女儿，很老实，就同意了。她是个卖面包的，人很凶……

"唉，别想这些个糟心事了，干吗要回忆坏人呢？上帝心里是最明白的。"

> 外婆的神态，让"我"觉得她更加和蔼、可亲。

说到这里，她笑了。鼻子有趣地颤抖着，眼睛闪闪发光，这让我感到十分亲切。

我还记得一个寂静的晚上，我同外婆在外公的屋子里喝茶。

外公身体不舒服，斜坐在床上，没穿衬衫，肩膀上搭着一条手巾，隔一会儿就要擦一次汗。他声音沙哑，呼吸短促，眼睛很浑浊，脸涨得通红通红的，耳朵也红得可怕！他去拿茶杯时，手不住地打着哆嗦。

这个时候，他终于变得老实了。

"怎么不替我加糖啊？"

> 外公身体很不舒服，在外婆面前像个孩子，可见外公对外婆的依恋。

他的口气简直像个撒娇的孩子。

外婆温和却坚决地对他说："你应该喝蜂蜜！"

他喘着气，吸溜吸溜地喝着热茶："好好照看我啊，可别叫我死了！"

"得啦，我小心着呢！"

"唉，要是现在就死了，我的感觉就好像从来没有活过呢！"

"好啦，好好躺着吧，别再胡思乱想了。"

他闭上眼睛，沉思了许久，突然像是被针扎了一下似的睁开眼睛，说："可以让儿子们再找个老婆，这样就会老实点了，你说呢?"

于是,他就开始数落城里哪家姑娘最合适。

外婆没吭声,坐在那儿一杯一杯地喝着红茶。

我靠窗坐着,抬头望着天空的彩霞。那时候,我好像是因为犯了什么错误,外公禁止我到屋子外面去玩。

花园里,甲壳虫绕着白桦树嗡嗡地飞。隔壁院子里桶匠正忙着工作,弄得叮叮当当地响,还有霍霍的磨刀声。

> 环境描写,表现花园里热闹的景象。"我"却因犯错被留在房中,心里有一些失落。

花园外边的山谷中,孩子们在灌木丛中乱跑乱跳,吵吵闹闹的声音不断地传过来,一种黄昏的惆怅涌上我的心头。

我很想到外面去玩一会儿。

忽然,外公拍了我一下,兴致勃勃地提出要教我识字。他手里拿着一本小小的新书,不知是从哪儿来的。

"来来来,小鬼,你这个高颧骨的家伙,你瞧瞧这个是什么字?"

我就回答了。

"啊,对了!那这个呢?"

我又回答了。

"错了,混蛋!"

屋子里不停地响起他的咆哮声:

"对了,那这个呢?

"不对,这混家伙!

"对了,那这个呢?

"对了,那这个呢?

"不对,小混蛋!"

外婆插嘴道:"老头子,你老实躺一会儿吧。"

> 外公教"我"识字,让"我"觉得外公十分亲切。

"你少管我!我只有教他识字才觉着舒服,否则总是胡思乱想的!好了,接着念,阿廖沙!"

外公用滚烫的胳膊勾着我的脖子,书就摆在我的面前,他的手越过我的肩头,指点着字母。

> "我"识字的兴趣越来越浓,这让外公很高兴。

他身上的酸味、汗味和烤葱味熏得我透不过气来,但他一点儿也没意识到,只顾着一个接一个地吼着那些字母。他把字母表颠过来倒过去地念,顺着问,倒着问,打乱了问。

我也来了劲,头上流着汗,扯着嗓子喊。

他大概觉得可以了,拍着胸脯咳嗽着,揉皱了书,哑着嗓子说:"老太婆,你听听这小子的嗓门有多么高!喂,喂,你这个阿斯特拉罕打耙子的家伙,你叫什么?嗯,喊什么?"

"不是你让喊的嘛……"

他又看看外婆,觉得很高兴。

外婆胳膊肘支着桌子,用拳头抵着腮帮子,含着笑说:"好啦,你们都别叫了!"

外公和气地说:"我喊是因为我身体不好,而你呢?又为什么这么拼了命地吼?"

他并没等我回答他,摇着头对外婆说:"死了的娜塔莉娅说他记性不好,这可说错了!你瞧瞧,他像马似的记路!得啦,翘鼻子,接着念!"

我就又高声地念了。

最后,他开玩笑似的将我从床上扔了下来:"好,将这本书拿走吧!明天,你必须把所有的字母念给我听,全念对了我给你5戈比！"

我伸手去接书，他却顺势把我拉进了他的怀里，说："唉，你母亲将你撇在世上受罪，小鬼啊！"

外婆全身一抖："老头子，你说这个干吗？"

"我其实不想说，但是心里太难过了！多好的姑娘啊，走上了那样的路……"

他忽然一推我，说："玩去吧，别上街，只能待在院子里、花园里……"

我飞似的跑进花园里，爬到山上。

野孩子们从山谷里向我扔石头子，我兴奋地回击他们。

"噢，那小子来啦，剥他的皮！"

他们远远看见我来了就叫了起来。

一个对一大群，尤其是得战胜那一大群，我扔出去的石头子百发百中，揍得他们跑进了灌木丛，这可太让人高兴了。这种战斗大家都不怀恶意，更不会留下什么仇恨。

我认字认得很快，外公对我越来越关心，也很少打我了。按照以前的标准，其实他应该更勤快地打我，因为随着一天天长大，我开始越来越多地破坏外公制定的规则，但他经常只是骂两句而已。

我想，他以前打我一定是打错了，打得毫无道理。我将这个想法告诉了他。

他将我的下巴一托，眨巴着眼，拉长声音，问道：

外公顺势将"我"拉入了怀中，体现他对失去母亲的"我"的同情，他尽力用祖孙情弥补"我"。

动作描写，表现"我"来到花园的兴奋之情。

外公对我的态度发生了巨大的转变，这是为什么呢？

风雨中的成长路

"什——么？"

> 语言描写，外公对"我"的行为感到好笑，不与"我"计较。

之后，他就笑了起来："你这个异教徒！你怎么知道我打了你多少次？快滚开！"

但他又握住了我的肩膀，盯着我的眼睛问："唉，我说你到底是个精明的还是个傻的啊？"

"我，我不知道……"

"不知道？好，我告诉你。你要学精一点儿，傻就是蠢，要聪明！绵羊傻乎乎的，可猴子就很精明！好啦，要记住！玩去吧……"

没多久我就能拼着音读诗了，一般都是在吃过晚茶以后，我来读圣歌。

我用字棒指在书上，移动着，念着，十分乏味。

"圣人就是雅可夫舅舅吗？"

"给你个脖子拐，让你明白哪个是圣人！"外公气呼呼地吹着胡子。

我已经习惯他这种生气的样子了，觉着他有点假模假样的。

看，我没错吧，过了一小会儿，他就把刚才生的气忘了。

外公沉思了一会儿，说："唱歌时他简直是大卫王，可干起事来，却像条恶毒的押沙龙！啊，会唱会跳，花言巧语，跳啊跳啊，能跳多长时间？"

我不再读诗，认真地听着，看着他阴郁的面孔。

> "阴郁的面孔""两眼变得忧郁了"可见外公心情有些沉闷。

他眯着眼，打我头顶望过去，看看窗外，他的两眼变得忧郁了。

"外公！"

5. 别样的外公

"啊？"

"说个故事吧！"

"懒鬼，你念吧！"

他揉揉眼睛，似乎刚刚醒过来似的。

我认为他喜欢的是笑话，而不是什么诗篇。不过，几乎所有的诗篇他都记得，他发誓每天晚上睡觉以前都大声念上几节，就像教堂里的助祭念祷词一样。

我反复地恳求他，他终于让步了。

"好吧，好吧！诗篇永远都在身上，我快要到上帝那儿接受审讯了……"

> 外公对"我"有些宠爱，会对"我"让步。

说着，他朝那把古老的安乐椅的镶花靠背上一搭，望着天花板，讲起了陈年往事：

"很久很久以前，来了一伙土匪。我爷爷的爸爸去报警，土匪赶上了他，用马刀把他砍死了，将他扔在了大钟的底下。那个时候，我还很小。

"我记事是在1812年，那时候我刚十二岁。巴拉赫纳来了三十多个法国俘虏。他们都十分矮小，穿得破破烂烂的，连要饭的都不如。一个个全都冻坏了，站都站不稳。

"大家围过去，要打死他们，押送的士兵不让，把老百姓都赶回了家。

"但后来，大家和这些法国人都熟了，发现他们都是些快乐的人，经常唱歌。

"再后来，打尼日尼来了一大群老爷，他们都是坐着三套马车来的。他们之中，有些人打骂法国人，态度很不好，有些人则和蔼地用法语同他们交谈，送给他们衣服，还给他们钱。

> 一群善良的俄国人对法国俘虏很好，体现了和平的主题。

风雨中的成长路

"有个上了年纪的法国人哭了,他说:'拿破仑可把法国人给害惨了!你看看,俄国人的心眼多好,连老爷们都可怜我们……'"

沉默了一会儿,他用手摸了摸头,努力地追忆着那些流逝的岁月:

"冬天里肆虐的暴风雪横扫过城市,酷冷严寒,真是能冻死人啊!

> 环境描写,"横扫"一词用得准确、生动,表现了天气的寒冷。

"法国俘虏们这个时候就会跑到我们家的窗户下面跳啊,闹啊,敲玻璃,向我母亲讨个热面包。

"我母亲是卖面包的,她将面包从窗口递过去,法国人一把抓过来就揣进了怀里,那可是刚出炉的东西啊!他们竟然一下子就贴到了肉上!

> 两个感叹号,可见外公的惊讶,突出表现了法国人生活的艰苦。

"很多法国人就这样冻死了,他们不习惯这么冷的天气。

"我们菜园里有间浴室,那里面住着两个法国人,一个军官和一个勤务兵,勤务兵叫米朗。军官奇瘦无比,皮包着骨头,穿了一件只到他膝盖的女外套。

> 外貌描写,军官的"奇瘦无比"及"穿着一件女外套"与他的身份十分不符,透露出一丝心酸。

"他为人十分和气,可嗜(shì)酒如命。我母亲偷着酿啤酒卖,他总是买了去大喝一通,喝完了就唱歌。

"他学了点俄国话,老是说:'啊,你们这儿不是白的,是黑的、凶恶的!'

"他这种话我们能听得懂。是啊,咱们这个地方不是伏尔加河下游,那里暖和多了,过了里海,一年四季见不到雪。《福音》《使徒行传》都没有提过雪和冬天,耶稣就住在那里……"

风雨中的成长路

5. 别样的外公

他不作声了,仿佛是睡着了,斜着眼瞪着窗外,更显得他瘦小了。

"讲啊!"我小心地对他说道。

"啊,好!"他一抖,又说,"法国人,他们也是人啊,不比我们缺少什么。他们叫我母亲'马达姆',马达姆的意思就是'太太'。

"啊,太太,太太,但我们这位太太能一次扛上五普特重的面粉。她那全身使不完的劲有点吓人,我二十岁的时候,她还能揪住我的头发毫不费力地摇晃几下。

> 举例说明外公的母亲因为生活所迫,只能自己扛起生活的重担。

"勤务兵米朗特别喜欢马,常常去各家各户的院子里打着手势要给人家洗马!开始大家还怕他打什么坏主意,可后来老百姓们都主动去找他:'米朗,洗马!'这时,他就会呵呵一笑,低着头跟着别人走了。

"他是个红头发、大鼻子的家伙,嘴唇特别厚。伺候马是他的拿手活,给马治病也是一绝。后来,他在尼日尼做了个马医,但没多久他就疯了,最后被人活活打死了。

"第二年春天,那个军官也生病了,在春神尼古拉纪念日那天,他心事重重地在窗子前坐着,把头伸到外面,就那么坐着死了。

> 军官对外公很好,他生病了,外公很伤心,这是外公的伤心事。外公也在借机教导"我""人跟人的亲近,不是钱能买得到的"。

"我偷偷地哭了一场,因为他对我很好。他老是揪着我的耳朵,亲切地说些我听不懂的法国话。人跟人的亲近,不是钱能买得到的。

风雨中的成长路

"我想跟他学法国话,可惜母亲不让。她把我领到神父那儿,神父叫人打了我一顿,还控告了那个军官。

"唉,宝贝儿,那时的日子太难了,你没有赶上,别人替你受了那份罪……"

天全黑了下来。

外公在黑暗中似乎突然变大了,眼睛放着猫似的光亮,情绪激动,说话的速度也快了很多。

他讲到自己的事时总是这样,一反他平常那种小心翼翼、若有所思的样子。

我很不喜欢他这一点,不是故意地记住,可却总也抹不去,印在了我的记忆里。

他一味地回忆过去,脑子中没有神话,也没有故事,只有过去的事情。

他不喜欢别人问他,但我偏要问他:"啊,那您说谁好,是法国人还是俄国人?"

"那谁知道啊?我又没有见过法国人在自己家里是怎么过的!"

"那,那俄国人坏吗?"

"有好的,也有坏的。

> 通过对比,联系当时的时代背景,体现了农民生活的困苦。

"大概奴隶时代的人好点,那时候人们都让绳子绑着。现在可好,大家自由了,但穷得连面包和盐也没有了……老爷们自然不太和善,但他们都很精明,当然也有傻蛋,脑袋跟口袋似的,随便你往里边装点什么,他都拿着走。"

"俄国人很有劲吗?"

"有很多大力士,但只有力气没用,还要有智慧,因为你力气再大也大不过马去！"

"法国人为啥对我们进攻？"

"那可是皇帝们的事，我们不知道。"

"拿破仑是做什么的？"

"他是个有野心的人，想征服全世界，然后让所有的人过上一样的生活，没有老爷，也没有下人，没有等级，大家都平等，只是名字不同罢了。当然信仰也只有一个。这可就是胡闹了！

"就说这海里的东西吧，只有龙虾长得一模一样，没法区别，鱼可就有各种各样的了，鳟鱼和鲶鱼无法相处，鲟鱼和青鱼也不能做朋友。

"我们俄国也曾出过拿破仑派，什么拉辛·斯杰潘、提摩菲耶夫，什么布加奇、叶米里扬、伊凡诺夫……"

他默默地看着我，眼睛睁得大大的，似乎第一次见到我。这有点叫人不太舒服。

他从没有和我说起过我的父亲和母亲。

我们说话的时候，外婆常常走过来。她坐在角落里，许久也不出一声，好像她不在一样。

"我"连续不断地提问及发表看法，外公很震惊，他心里会想些什么呢？

但是她也会突然柔和地插上一两句："老爷子，你记不记得咱们去木罗姆朝山？多好啊！那是什么时候来着？"

外公想了想，认真地回答："是，是在霍乱病大流行之前了，就是在树林里捉拿奥郎涅茨人那一年吧？"

"对了，对了！没错！"

我又问道："奥郎涅茨人是做什么的？他们为什么要逃到树林里去呢？"

外公有点不耐烦地回答："他们都是普通老百姓，从工厂、

乡村逃出来的。"

"为什么抓他们啊?"

"就和小孩捉迷藏似的,有人跑,有人追,抓住了,就用柳条抽,用鞭子打,打破鼻子,在额头上烙上烙印,作为惩罚的标记。"

"这是为什么?"

"这就不好说了,不是咱们能弄清楚的事。"

> 外公对"我"和外婆的态度形成鲜明的对比。

外婆又说道:"老爷子,你还记得吗?大火之后……"

外公非常严肃地问:"是哪一场大火?"

他们开始一块儿回想过去,把我给忘了。

> 外公和外婆平静地谈论生活中遇到的艰难困苦,沉浸在回忆中。

他们用不高的声音一句一句地回想着,好像是在唱歌,但都是些不怎么快乐的音符:疾病、暴死、失火、打架、乞丐,还有老爷……

"你倒是都瞧见了啊!"外公念叨着。

"啥也忘不了!你还记得生瓦尔瓦拉之后的那年夏天吧?"

"噢,那是1848年,远征匈牙利的那一年,圣诞节的第二天将教父吉洪拉了壮丁送到战场上……"

"他从那以后就再无消息了……"外婆叹了一口气。

"是的!不过,从那年起,上帝的恩泽就不停地光临到咱们家了。唉,我的瓦尔瓦拉……"

"得啦,老爷子!"

外公沉了脸:"什么得啦?我们的心血都白花了,这些孩子们,没有一个有出息的!"

他有点不能自制地乱喊乱叫起来,大骂自己的儿女,向外

5. 别样的外公

婆挥舞他瘦小的拳头:"都是你!你将他们惯坏了,臭老婆子!"

他吼了起来,跑到圣像跟前,敲打着自己的胸膛:"上帝啊,我的罪孽就如此深重吗?这是为什么?"

> 从外公的语言和动作描写,可以看出他的悲痛,此时的他很暴躁。

他泪如雨下,却目露凶光。

外婆画着十字,低声地安慰着他:"你别这样了!上帝清楚这是为什么!你看看比咱们的儿女强的人家没有几家!……老爷子,谁家都是这样,吵啊闹啊,一团糟,所有当父母的都在承受一样的痛苦,不是就你一个人啊……"

这些话似乎稳定了他的情绪,他朝床上一躺,好像睡着了。

假如和往常一样,我和外婆一起回到阁楼上去睡觉也就没有什么事了,可这一次外婆想多安慰他两句,于是就走到了床边。

外公猛地一翻身,抡起拳头啪的一下揍在了外婆的脸上。外婆一个趔趄,差点跌倒,她用手按住了嘴唇上流血的伤口,轻轻地说:"你这个大傻瓜!"然后往他的脚前吐了一口。

> 外婆安慰外公却被他打,与之前相处融洽形成鲜明的对比,体现了外公易怒的性格。

他叫了一声,举起了手:"我揍死你!"

"你这个大傻瓜!"外婆又说了一句,然后才不慌不忙地向门口踱去。

外公朝她扑过去,她随手一带门,门板差点撞在他的脸上。

"你这个臭老婆子!"

外公用手扶住门框,使劲地拉着。

> 外公的行为令"我"非常惊讶、痛苦。"我"为自己没有能力保护外婆而难过。

我难以置信地看着眼前的这一切,这是他第一次当着我的面打我外婆,我感到莫大的耻辱!

他还在那儿挠着门框,许久许久才痛苦地回过身来,慢慢地走到屋子中间,跪下,往前一趴,又直起了身子,捶着胸叫道:"上帝啊,我的上帝啊……"

我立刻就冲了出去。

外婆正在阁楼上小心地漱着口。

"您疼吗?"

她将水吐到了脏水桶里,平静地说:"没事,就是嘴唇破了而已!"

"他为什么要这样做?"

她看了看窗外,说:"他老是感到事事不如意,老喜欢发脾气……你快睡吧,别想这些啦……"

我又问了她一句,她严肃地说道:"你怎么这么不听话,快点睡觉!"

她走到窗户旁边坐下,吸溜着嘴唇,不停地往手绢里吐着什么东西。

> 面对外公的暴躁,外婆却善解人意地安慰"我",两人形成鲜明的对比。

我上了床,一边脱衣服,一边望着她。

街上很静,屋里又很黑。

她走了过来,摸了摸我的头说:"睡吧。我得去看看你外公……你不要太向着我,或许我也有不是吧……睡吧!"

她亲了亲我,就走了。

我心里十分难过。从床上下来,走到窗前,望着外面清冷的街道。

5. 别样的外公

乐行乐思

联系前面的章节，用图表对比的方法，列举外公对"我"态度的变化，感受外公形象的立体性。

6. 家庭斗争

又是一个噩梦。

一天晚上，喝过茶之后，外公和我坐下来开始念诗，外婆正在洗盘子和碗，雅可夫舅舅突然闯了进来。

他一头的乱头发跟平常倒没什么两样，但是脸色不大对。

他不问好，也不看谁一眼，把帽子一扔，挥着两手念叨起来："爸爸，米哈伊尔发疯了！

"他在我那儿吃饭，大概是多喝了两盅，又砸桌子又砸碗，把一件染好的毛料子撕成了一条一条的，窗户也让他拆了，没完没了地欺负我和格里高里！

"现在他已经往这边来了，说是要杀了你！你可要注意点啊……"

> 从雅可夫舅舅的叙述中，可见米哈伊尔的暴躁，以及他喝醉酒后的丑态。

外公用手将自己慢慢地支撑了起来，脸皱成了一把斧头，眼睛几乎瞪了出来："听见了没，老太婆？好啊，想杀他爹了，这是你的亲儿子呀！到时候了，是时候了！孩子们……"

他端着肩膀在屋子里来回踱着，忽然一伸手把门关上了，挂上了沉重的门钩，转身向着雅可夫。

> 外公的动作和语言描写，表现他对雅可夫舅舅的不屑和轻蔑。

"你是不是没把瓦尔瓦拉的嫁妆拿到手

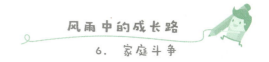

6. 家庭斗争

就不甘心？是不是？拿去吧！"

他在食指和中指间露出大拇指，伸到雅可夫舅舅的鼻子底下——这是轻蔑的表示！

雅可夫装出副极其委屈的样子说："爸爸，这可不关我什么事啊！"

"关不关你的事你自己最清楚，你知道你是个什么东西！"

外婆什么也不说，她在忙着将茶杯往柜子里收。

"我是想来保护你的……"

"好啊，保护我！好极了，保护爸爸，好儿子！老太婆，快给这只狐狸一件武器，雅可夫，你哥哥一冲进来，你就对准他的脑袋来一下，打死他！"

舅舅缩到角落里去了："既然不相信我，那我就……"

"叫我相信你？"

外公跺着脚狂叫："告诉你，不论什么鸡猫狗兔我都相信，但是你，我还要看看！我知道，一定是你灌醉了他，是你叫他这么干的！很好，你可以动手，打他或者打我都行！"

> 通过外公的动作和语言，可以感受到他的情绪非常激动。

外婆悄声对我说："快，跑到阁楼的小窗户那里去，你舅舅米哈伊尔一露面，你就赶快下来告诉我！"

被委派了如此重任，我觉得十分自豪。

我一丝不苟地盯着街道。

尘土飞扬的街道上，鹅卵石像一个个脓疱（pào），近处的脓疱大一些，越远则越小，一直延伸到了山谷那一边的奥斯特罗日那雅广场。

> "我"当时还小，并不清楚事情的严重性，因而"十分自豪"。

广场上铺着黏土，黏土上面有一座监狱。监狱是灰色的，

风雨中的成长路

> 对监狱的描写渲染了一种沉重、阴郁的氛围。

四个角上各有一个岗楼,气势雄伟,感觉阴森森的。

监狱旁边是黄色的拘留所和铅灰色的消防瞭望塔。一个值班的救火员,就像拴着铁链子的狗,不停地来回踱着。

那里还有一个叫姆可夫的臭水坑,外婆对我讲过,有一年冬天舅舅们曾经想在那里把我父亲扔进去淹死。

收回目光来,正对着阁楼窗户的是一条小巷子,巷子的尽头是低矮的三圣教堂。

> 环境描写,一切都在预示着大事即将发生,"我"逐渐意识到事情的严重性。

秋雨冲洗过的这一片矮矮的房屋,早就又蒙上了厚厚的一层灰尘,挤挤挨挨的,就像教堂门口的叫花子,所有的窗户都张大着眼睛,大概和我一样,等待着即将发生的事情。

街上的行人不多,蟑螂似的移动着。一阵浓烈的气味涌上来,叫我感到十分惆怅,这是一股大葱胡萝卜包子的味。

我感到一种前所未有的压抑,心沉了下来,墙壁在挤我,而且身体里好像也有东西在向外撑,就要撑破肋骨和胸膛似的!

> 米哈伊尔舅舅的外貌描写,印证了雅可夫舅舅说的一部分话,"我"被吓住了,因而"挪不动脚步"。

是他,是米哈伊尔舅舅!

他东张西望地出现在巷子口,帽子盖住了他的耳朵,遮住了他大半个脸。

他穿着棕黄色的上衣,靴子长到膝盖,一只手插进裤兜里,另一只手正在摸胡子。看他那架势,杀气腾腾的!

我应该马上跑下去报告，但不管怎样都挪不动脚步！

我看见他蹑手蹑脚地走向酒馆，哗哗啦啦，他在开酒馆的门！

我飞奔着冲下去，敲响了外公的门。

"哪个？"

"是我！米哈伊尔舅舅来了，他要进门了。"

"他进了酒馆？好吧，你走吧！"

"我一个人在阁楼害怕……"

"没事的，去那待会儿吧！"

我只好又爬上去，趴在窗子上。

天黑了，窗户们都睁开了淡黄色的眼睛，不知道谁在那里弹琴，传出一阵阵悠扬而又忧郁的音乐来。

酒馆里的人们正在唱歌，门一开，疲倦而又沙哑的歌声就涌到了街上。

那是独眼乞丐尼吉图什加在唱歌，这个大胡子老头子的右眼是绿色的，左眼则永远也睁不开。

门一关，他的歌声也好像被切断了似的，戛然而止。

外婆十分羡慕这个独眼乞丐，听他唱歌，她总会叹息说："会唱歌，真是幸福！"

有时，她望着坐在台阶上又唱又讲的乞丐，会走过去坐在他的身边，轻轻地问："我问你，梁赞也有圣母吗？"

乞丐的声音十分低沉，他肯定地回答说："在哪个省都有，到处都有……"

我常盼望有个人在我身边，最好是外婆，外公也行！

还有，我父亲究竟是个什么人？为什么外公和舅舅们都那么不喜欢他？而外婆、格里高

外婆和外公在"我"心中的地位很高。

里和叶芙格妮娅说起他来却那么怀念？我的母亲又去哪里了呢？

我越来越多地想我的母亲，渐渐地，把她看成外婆所讲的童话中的主人公。

母亲离家出走了，这就更让我觉得她具有传奇色彩了，我觉着她现在已经做了绿林好汉，住在森林里，劫富济贫。或许像安加雷柴娃公爵夫人或圣母似的，打算周游天下。

> "我"逐渐长大，开始对母亲充满好奇，将她作为故事中的主人公，可见"我"渴望获得母爱。

圣母也会像对公爵夫人那样对我母亲说："贪心的奴仆，不要再捡地上的财富。不知足的灵魂，任何财富也遮掩不住你赤裸的身体……"

母亲也用这样的诗句来答复："宽恕我，我的圣母！原谅我这有罪的灵魂。我搜寻财宝，只是为我那孤独的儿子……"

于是，就像外婆那样慈祥的圣母原谅了她："唉，你这个鞑靼人的子孙！走你的路吧，摔倒了可别怨别人！到森林里追击莫尔达瓦人，到草原里抓捕卡尔梅克人，但不要惹俄罗斯人……"

就像是一场噩梦！

下面的吼叫声跟杂乱的脚步声让我惊醒过来。

我赶忙向窗下一看，外公、雅可夫和酒馆的伙计麦瑞昂正在把米哈伊尔往外拖。米哈伊尔抓住门框，就是不走。人们打他，踢他，砸他，最后还是把他扔到了街道上。

> "我"回归现实，见证了米哈伊尔舅舅被扔出去的情景。

酒馆哗啦一声上了锁，米哈伊尔被压皱了的帽子给隔着墙扔了出去。

一切又恢复了宁静。

米哈伊尔舅舅躺了一会儿，缓慢地爬了起来。他身上的衣服被撕成了布条，头发乱得像鸡窝。

他抓起一块鹅卵石，猛地朝酒馆的大门砸去，一声沉闷的响声之后，街道又恢复了刚才的宁静。

外婆坐在门槛上，佝（gōu）偻（lóu）着腰，一动也不动。我走过去抚摸她的脸。

她似乎没有意识到我的存在似的，喃喃自语："上帝啊，请赐给我的孩子一点智慧吧！上帝啊，请宽恕我的孩子吧……"

> 从外婆的动作和语言中，可见她的痛心，以及她对孩子的失望。

外公在这所宅子里只住了一年，从第一个春天到第二个春天，但声名远扬。

每周都会有一群孩子跑到门口，大叫着："卡什林家又要打架了！"

天一黑，米哈伊尔舅舅就会到宅子旁边，等待时机下手，一家人整天提心吊胆的。

他有时会找几个帮凶，不是醉鬼就是小流氓。他们拔掉了花园里的花草树木，捣毁了浴室，将里面的架子、长凳子、水炉全毁了，连门都没放过，都砸烂了。

> 米哈伊尔舅舅的荒唐行为表现了他的残暴。

外公站在窗子前，脸色阴沉地听任那帮人破坏他的东西。

外婆则在院子里跑来跑去，不停地叫着："米哈伊尔，米哈伊尔，你在干什么啊？"

回答她的是不堪入耳的俄国式的谩骂。

我不可能跟着外婆满院子跑了，因为那样太危险了，但我又害怕，只好来到楼下外公的房间。

"滚开，小混蛋！"他怒不可遏（è）地大叫。

我又飞奔着逃回阁楼，从窗口向外望着外婆。我很怕她被

风雨中的成长路

人杀了!

我叫她,让她回来,她却不理我。米哈伊尔听到了,开始破口大骂我母亲。

有一回,也是这么一个让人不安的晚上,外公病了,躺在床上,头上包着手巾,在床上翻来覆去地折腾。

他大声叫着:"辛苦一生,攒钱攒了一辈子,到最后落得这么个下场!如果不是害臊,早就把警察叫来了!唉,丢人现眼啊,让警察来管自己的孩子,无能的父母啊!"

> 语言描写,表现外公无法管教儿子的痛心。

他突然爬了起来,摇晃着走到窗子前。

外婆抓住了他:"你干什么?"

"点灯!"

于是外婆就点起了蜡烛。

他就像拿着枪一样,端着烛台,冲着窗外大吼:"米哈伊尔,你这小偷、癞皮狗!"

话声未落,就看见一块砖头哗的一声破窗而入!

"没打到!"

外公哈哈大笑,那笑声就像哭一样。

外婆一把将他抱回床上,就像抱我一样。

> 外公笑得辛酸又无奈。

"上帝保佑,你别这样!你这样会将他送到西伯利亚去充军的,他只不过是一时糊涂罢了。"

> 这是"我"第一次想要回击,做法不值得提倡,外婆也即时制止了。

外公踢着腿叫道:"叫他打死我吧!"

窗外一阵狂叫。

我抓起那块砖头,往窗口跑去。

外婆一把拉住了我:"浑小子,你要做什么!"

有一次,米哈伊尔用一根大木棒子敲着门。

门里头,外公、两个房客和高个子的酒馆老板的妻子,各自拿着武器,等着他冲进来。

外婆在后头哀求着:"让我出去见见他,让我去和他谈谈……"

外公前腿曲着,后腿紧紧绷着,就像《猎熊图》上的猎人似的。外婆去哀求他时,他无声无息地用胳膊肘、脚朝外推她。

墙上有一盏灯笼,影影绰绰地照着他们的脸,我在上面看着,很想把外婆叫上来。

舅舅对门的进攻十分有效,门已经摇摇欲坠了。战斗立刻就要开始了。

外公突然说道:"别打脑袋,打胳膊还有腿……"

透过外公的语言,感受到他对舅舅仍然有爱。

门旁的墙上有一个小窗户,舅舅已把窗户上的玻璃都打碎了,像一只被挖掉眼珠的眼睛。

外婆奋不顾身地冲了过去,伸出一只胳膊,朝外面挥着手,大叫:"米哈伊尔,看在上帝的分上,快走吧!他们想把你打死啊,快跑!"

舅舅在外面,对着她的胳膊就是一棍子,外婆一下子就瘫在了地上,嘴里还念叨着:"米、哈、伊、尔,快、跑……"

外婆与米哈伊尔的表现形成鲜明的对比,突出舅舅的凶残和冷漠无情。

"老太婆,你怎么啦?"外公大喊一声。

门哗的一下开了,舅舅冲了进来,几个人一块动手,他一下子就又被扔了出去。

酒馆主人的妻子把外婆扶回外公的房间里。

外公在后面跟着问:"伤到骨头没有?"

"肯定是打折了!"

"唉,你们说这可拿他怎么办啊?"外婆闭着眼睛念叨。

"行啦!"

"已经将他捆起来了,真凶啊!你说他到底像谁?"

外婆难过地呻吟起来。

"忍一忍吧,我叫人去找外科医生了!老太婆,他们这是想让我们死啊!"

"将财产都给他们吧……"

"那么瓦尔瓦拉呢?"

他们说了很长时间。外婆的声音越来越低沉无力,外公却激烈地大吵大闹。

过了一会儿,进来一个瞎眼的小老太婆,她用拐杖探着路,一步一挪地往前走。她像被扔到岸上的鱼一样,嘴巴不停地一张一合。

我以为外婆的死期已到了,唰的一下冲到了那个老太婆跟前:"快滚出去!"

外公粗暴地将我拉上了阁楼。

> "我"的反常行为,表现了"我"很爱外婆,害怕外婆死亡。

乐行乐思

家庭斗争主要是在哪两个人物之间展开的?为什么会产生这些斗争?

大课堂

1. 厘清人物的关系。小说《童年》中出现了哪些人物？他们各自与主人公是什么关系？试着用一张图把他们的关系列出来。

2. 阐释人物的特点。小说中的这些人物各有各的性格特点，说说你的看法，并从小说情节中找到相应的依据。

3. 展示精彩的情节。要乐于将精彩的情节讲给同学们听，把人物的特点表现出来。

4. 解决所遇到的问题。同学们把在阅读中遇到的问题提出来，先在学习小组里讨论解决的办法，然后把小组里解决不好和没有得到解决的问题提交给全班同学，让老师和大家共同来解决。

风雨中的成长路

7. 两个上帝

很久之前,我就知道,外公有一个上帝,外婆有另外一个上帝。

外婆每天醒来,都要花很长时间坐在床上梳她那令人羡慕的长头发,每次都会梳断几根头发。

她怕吵醒我,小声地骂着:"死头发,这些可恶的东西……"

她梳顺了头发,编好辫子,随便地洗两下脸,擤(xǐng)擤鼻子,脸上还带着怒色就站到了圣像前,开始祷告。

> 基督教,是外婆的精神支柱。

只有祷告才能真正让她恢复生命的活力。

外婆伸直脊背,抬起头,安详地注视着圣母的脸,一边画着十字,一边低声地说道:"最光荣的圣母,你是快乐的源头,你就是花朵盛开的苹果树!"

每天她都会找到新的语句来赞美圣母,每次我都会全神贯注地听她做祈祷。

> 外婆信仰上帝,她相信上帝能让她避开厄运。

"最纯洁的心灵啊,我的保护者,我的恩人,我亲爱的圣母!你是金色的太阳,扫去大地上的毒瘤吧,不要让任何人受到欺侮,当然也不要让我无缘无故地遭受厄运。"

她含笑的双眼炯炯有神,似乎一下子年轻了很多,她抬起沉重的手,在胸前缓缓地画着十字。

"耶稣基督,上帝的儿子,请施给我们恩泽吧,看在圣母的份上……"

早晨她的祈祷时间一般不会很长，因为要烧茶，如果到时候她还没把茶准备好，外公会大骂不停。

有时，外公比外婆起得早，他来到阁楼，碰上她在祷告，就会轻蔑地撇撇嘴。

等喝茶时，他就会说："我教过你多少次了，你这个榆木脑壳，老是照你自己那一套来，简直是个异教徒，上帝能容得下你吗？"

"他了解我，不管我说什么，怎么说，他都会明白的。"

"好啊，你这个该死的楚瓦什人……"

外婆的上帝永远与她相随，她甚至会向牲畜提起上帝。不管是人，还是狗、鸟、蜜蜂、草木，都会听从于她的上帝。

> 外婆相信她的上帝是博爱的，可以照看世间万物。

酒馆的女主人养了一只猫，长着一双金黄色的眼睛和一身云烟似的毛，大家都很喜欢它。这只猫又馋又懒，还特别会讨好人。

有一次，猫在花园里抓住了一只八哥，外婆硬是从它嘴里把那只快被折磨死了的鸟给夺了下来，怒气冲冲地吼它："你难道不怕上帝惩罚你吗？恶棍！"

> 外婆难得生气，她救下鸟儿的行为，是尊重一切生命的表现。

别人听了嘲笑她，她斥责那些人："你们别以为畜生不知道上帝！什么生物都知道上帝，一点不比你们差，你们这些没心肝的家伙……"

她同老马沙拉普谈话："别总是无精打采的，我们上帝的劳力！"

老马只是摇摇头。

外婆提到上帝的名字，并不如外公讲到的次数多。

我觉得外婆的上帝十分害羞,也非常和气,但是在他面前你一点谎也不能说,因为你不好意思那么干,正因为如此,我从来不对外婆说谎,哪怕半句也没有说过。

> 外婆信仰上帝,从不说谎,也让"我"养成了诚实的品格,对"我"影响很大。

有一次,酒馆的女主人和我外公打架,她连我外婆也一块骂上了,还向她投胡萝卜。

外婆却平静地说:"你可真是糊涂!"

这件事可把我气坏了,我得报复一下这个胖女人!

据我观察,邻居们互相报复的方式主要有切掉猫尾巴,毒死狗,打死鸡,或者把煤油偷偷地倒进腌菜的木桶中,甚至把格瓦斯桶里的酒倒掉……

> 邻居们报复的方式有些恶毒,在这样的环境下"我"也萌生了报复的想法。

我想用一个更加厉害的方法来实施报复。

那天,我瞅准了一个机会,酒馆女主人下了地窖。我合上地窖的盖子,上了锁,在上面跳了一通复仇者之舞。最后,将钥匙扔到了屋顶上,一溜烟地跑回了厨房。

外婆正在做饭。她没有在意我为什么突然那么高兴,但等她弄明白后,立刻朝我的屁股上踢了一脚,让我赶快把钥匙给找回来。

我只好照办了。

我躲在角落里默默地看着她跟那个刚刚被放出来的胖女人和善地说着话,还一起大笑。

"好你个小子!"酒馆女主人向我挥了挥拳头,可脸上却充满了笑意。

外婆将我拉回了厨房,问:"你为什么这么干呀?"

7. 两个上帝

"谁叫她拿胡萝卜砸您呀……"

"噢,原来为了我!看我不把你塞到炉子下面喂老鼠!告诉你外公,他非扒掉你一层皮不可!快,快念书去……"

她一整天没理我,做完晚祷之后,她坐在我身旁,教育了几句我永远也忘不了的话:"亲爱的,你要记住,别介入大人之间的事情!大人正在接受上帝的考验,他们都已经学坏了,你可没有,你应该按一个孩子的想法去生活,等着上帝来让你开窍,走上他为你安排的路,明白吗?……至于谁犯了什么错误,这是非常复杂的事,有时候上帝也并不能完全明白。"

> 外婆教导"我"不要学习大人的恶习,要保持孩子的纯真,做一个善良的人。

"上帝不是什么都知道吗?"我非常惊讶地问。

她叹了口气说:"如果他什么都知道,那坏事就没人敢去做了!他从天上俯视大地,看着大家,看了又看,有的时候会大哭起来,边哭边说:'我的小民们啊,亲爱的人啊,我是多么地可怜你们啊!'"

说到这里,她自己也哭了。从此以后,她的上帝和我更亲近了。

外公也说过,上帝是无所不能、无所不在、无所不见的,不管任何事他都会给人们善意的帮助的。可是,他的祷告却和外婆的截然相反。

每天早晨,他洗了又洗,穿上整洁的衣服,梳好棕色的头发,刮了胡子,照照镜子,然后小心翼翼地站到圣像面前。

他老是一声不吭地站一会儿,低着头,像个士兵似的。过了一会儿,他庄严地开始了:"以圣父及圣子及圣神之名!"

> 通过细节描写,表现外公祷告的场面十分庄严,与外婆祷告时安静的氛围形成鲜明的对比。

风雨中的成长路

屋子里一下子庄严起来，苍蝇都飞得小心翼翼的。

外公扬着眉毛，撅着金黄色的胡子，将祷词念得抑扬顿挫的："审判者何必到来，每个人的行为都定有应得……"

他轻轻摸着前胸，坚定地请求道："我只对你一个人，不要瞧我的过错吧……"

他的右腿有节奏地抖着，好像在给祷告打拍子，他的眼中满含泪水："上帝啊，看在我信仰的份上，别管我所做的任何事情，也别为我辩护！"

他不停地画着十字，抽筋似的点着头，发出些很尖锐的声音来。

> 原来外公和犹太人信仰同一个上帝。

后来我去犹太教会，发现外公是和犹太人一样做祷告的。

茶炊在桌子上"噗（pū）噗"地响着，屋子里飘荡着奶渣煎黑面饼的热烘烘的气味。这引起了我的食欲。

外婆沉着脸，垂着眼皮，叹着气。

> 环境描写，早晨的空气散发着香味，令人心情愉悦。

阳光从花园照进窗户，珍珠般的露水在树枝上闪耀着五彩的光，早晨的空气中散发出茴香、酸栗、熟苹果的香味。

外公仍在祷告："熄灭我痛苦的火吧，我又穷又坏！"

早祷和晚祷的词我都记熟了，每次我都认真地听着外公念祷词，听他是不是念错了！这种情况很少见，可一旦发生了，我就有的乐呵了。

外公做完了祷告，转头向着我们："你们都好啊！"

我们立即鞠躬，大家这才围着桌子坐稳。

我马上对他说："您今天漏了'补偿'这两个字！"

"胡说!"可他一点也不自信,所以口气不怎么强硬。

"真的漏了!

"应该是'但是我的信仰补偿一切!'可是您没说'补偿'。"

"真的吗?"他窘迫极了。

> "我"每天都认真听外公祷告,并告诉他有没有念错,可见"我"聪明又调皮。

我知道他之后会找别的事报复我的,但是此时此刻,我太高兴了。

有一次,外婆说道:"老爷子,上帝大约也觉着有点腻烦了,你的祷告永远那一套。"

"啊?你竟敢这么说我!"他凶恶地吼叫着,"你从来也没有将自己的心里话说出来!"

他涨红了脸,颤抖着,抓起一个盘子向外婆头上扔去:"你这王八蛋!"

他在给我讲上帝的无限力量时,老是强调这种力量的残忍。他说,人如果犯了罪就会被淹死,再犯罪就会被烧死,并且他们的城市一定会被毁灭。

"上帝用饥饿和瘟(wēn)疫(yì)惩罚人类,用宝剑和皮鞭管理世界。与上帝作对必会灭亡!"他敲着桌子说。

> 与外婆的上帝不同,外公的上帝很残酷,交待了外公严厉、残暴的一部分原因。

我不信上帝会如此残酷。我想,这一切都是外公的想象,目的是要吓住我,让我怕他而不会去怕上帝。

我直截了当地回答道:"您这样说,是想叫我听您的话吧?"

他也同样直率地回答:"当然!你竟敢不听?"

"那,外婆为啥不说这些?"

"她是个老糊涂!"他严厉地说道,"她不识字,不动脑筋,我再也不让她跟你谈这些大事!"

"那现在你回答我,天使有几个官衔?这些官全都是干什么的?"

> 外公与"我"探讨法律和当官,充满童趣。

"胡扯!"他咧嘴一笑,躲开我的目光,咬着嘴唇说,"上帝不做官,因为做官是人间才有的事。当官是吃法律的,他们已经将法律都吃了。"

"法律?"

"法律,就是习惯!"说到这里,他立马来了精神,眼睛放着光,"人们一起商量好了,就这个样子最好,所以按这个习惯定成了法律!这就好像小孩子们做游戏,先得说好怎么个玩法,定个规矩。这个规矩就是法律。"

"那当官是做什么的呢?"

"当官嘛,就像是最淘气的孩子,把所有的孩子和所有的法律都破坏了!"

"为什么?"

"你搞不清的!"他眉头一皱,又说,"上帝管着人间所有事!人间的事大都不可靠。他只需要吹口气,人间的一切都会化为尘土的!"

我对当官的兴致特别大,又问:"但是雅可夫舅舅这么唱过:'上帝的官,正是光明的代表。人间的官,却是撒旦的仆人!'"

> 外公用胡子挡住笑容的动作引人发笑,他像个老顽童。

外公闭上眼睛,将胡子送入嘴里,咬住,腮帮子抖动着。我知道他在笑。

"将你和雅可夫捆到一起扔到河里去!这歌不应该他唱,也不应该你听,这是异教徒

的玩笑!"

他又若有所思地叹了一口气:"唉,人啊……"

虽然他把上帝想得高不可攀,可也像外婆一样,请上帝来参与他的事。他不但请上帝,还请了很多圣人。

外婆对这些圣人一无所知,她只知道尼可拉、尤里、福洛尔和拉甫尔,他们对人都很和善。他们走遍了乡村与城市,走遍了千家万户。

> 通过对比,可以看出外婆和外公性格不同,与所信仰的上帝也有一定的关系。

外公的圣人都是受苦的人,因为他们踢倒了神像,和罗马教皇吵翻了,所以他们受了刑,被剥皮烧死了!

外公时而这么讲:"上帝啊,你帮我将这所房子卖掉吧,哪怕只卖五百卢布也行啊,我情愿为尼可拉圣人做一次谢恩的祈祷!"

外婆用嘲笑的口气对我说:"尼可拉连房子都要替他去卖,就像是尼可拉再也没有什么好事可以干了似的!"

外公教我认字的一个本子,我曾经保留了很长时间,上面有他写下的各种各样的字句,例如这一句:"恩人啊,救我于灾难!"

"灾难"是因为两个舅舅放高利贷,外公为了帮他们,偷偷地开始了典当。有人告发了,一天晚上,警察冲了进来。搜查了一阵,却一无所获。

外公一直祷告到太阳升起。早晨,他当着我的面,将这句话写在了本子上。

晚饭之前,外公会带着我一起念诗、念祷词、念耶福列姆·西林的圣书。晚饭之后,他又开始做晚祷,忏悔的声音在屋子里飘荡:

风雨中的成长路

"我如何供奉你，如何回报你啊，我不朽的上帝……

"保佑我不受诱惑吧，伟大的上帝……

"保佑我不被别人欺负吧，精明的上帝……

"替我流泪吧，我死后让别人记住我吧，无所不在的上帝……"

不过，外婆却常说："我今天可是累坏了，看样子做不了祷告了，我得睡觉了。"

外公常常带着我去教堂，每周六去做晚祷，假期则去做晚弥撒。

> 现在的"我"已经能够区分两个上帝的不同。

在教堂里，我也将人们对上帝的祈祷加以区别：

神甫和助祭所念的一切，是对外公的上帝祈祷；唱诗班所赞颂的则是外婆的上帝。

我说的是孩子眼中两个上帝的区别，这种区别曾经痛苦地撕裂着我的心。

> 外公和外婆各自的上帝对"我"的影响很大，"我"逐渐倾向于外婆信仰的上帝。

外公的上帝使我恐怖，使我产生敌意，因为他谁也不爱，永远严厉地注视着一切，他一刻不停地寻找着人类罪恶的一面。他不相信人类，只相信惩罚。

外婆的上帝则热爱一切，我沉浸在他的爱的光辉之中。

在那段时间中，上帝成了我生活中最重要的部分，其他一些散碎的事情所留下的印象，则都是些残暴、污浊、丑陋至极的片段。

我对一个问题始终弄不太明白，为什么外公看不见那个慈祥的上帝呢？

家里的人不让我到街上去玩，因为街上的空气太污浊了，弄得我心情沉重。

我没有什么朋友，街上的孩子们很仇视我；我越不喜欢他们叫我卡什林，他们就越发故意地喊我：

"嗨，瘦鬼卡什林家的外孙子出来了！"

"打他！"

一场混战。虽然我比他们的岁数小不了多少，力气还可以，但他们几乎是整条街上所有的孩子啊，寡不敌众，每次回家时，我都是鼻青脸肿的。

> "我"童年时几乎没有小伙伴，其他的孩子都不和"我"玩，这也是"我"童年生活中的不幸。

外婆见了我，总惊骇而又怜悯（mǐn）地叫道："哎呀，怎么啦，小萝卜头？打架啦？看看你这个惨样……"

她为我洗脸，在肿的地方敷上湿海绵，还劝慰我："不要总打架了！你在家挺老实的，怎么到了街上就像变了一个人？我若告诉你外公，他非把你关起来不可……"

外公看见鼻青脸肿的我，从来都不责骂，只是说："又戴上奖章了？你这个阿尼克武士，不许再去街上了，听见了没有？"

我对静悄悄的大街是没有什么兴趣的，但要是有孩子在外面一闹，我就控制不住地想要跑出去。

打架我不怎么在乎，我特别反感的是他们搞的那些恶作剧：让狗去咬鸡，虐待猫，追打犹太人的羊，凌辱醉了的乞丐和外号叫作"兜里装着个死鬼"的傻子伊高沙。

> "我"非常善良，并不是无缘无故地打架，而是看不惯他们欺负弱小，可见"我"像外婆一样很仁慈。

伊高沙个子挺高，瘦得只剩皮包骨头了，穿着一件破旧而又沉重的牛皮大衣，走路的时候总是佝（gōu）偻（lóu）着腰，摇来晃去，两眼死盯着前面的地面。

风雨中的成长路

> 外貌描写，表现伊高沙又高又瘦的特点。从他的穿着及走路的样子，感受到他生活的不幸。

让我害怕的是，遇上人的时候，他从来不躲不让，一个劲地向前走。有时，他会突然站住，伸直脊背，瞧瞧头顶上的太阳，整理一下帽子，像刚刚醒来似的东张西望一阵子。

"伊高沙，去哪里啊？小心点，你兜里装着个死鬼！"孩子们一边喊，一边向他掷石子。

他撅着屁股，用颤抖的手笨拙地捡起地上的石头子，不断回击，嘴里骂着永远翻不出花样的脏话。

孩子们回击他的词汇，比他丰富多了。

> 对伊高沙和其他孩子们打架的细致描写，侧面写出他的悲惨。

有时候，他瘸着腿去追，被皮袍子绊倒，双膝跪在地上，两只干树枝似的手撑着地面。孩子们会趁这个机会，更加兴奋地向他扔石头。胆大的还会抓一把土撒到他的头上，又飞奔着跑开。

最叫人难过的是格里高里·伊凡诺维奇。

他瞎了，沿街乞讨。一个矮小的老太婆拉着他的手，他木然地挪着步子，高大的身体挺得笔直，一声也不吭。

那老太婆带着他，走到人家门口或者窗前，哀求道："行行好吧，可怜可怜我这瞎子吧，看在上帝的分上！"

格里高里·伊凡诺维奇一声不吭，两只黑眼睛直直地看着前面的一切，染透了颜料的手摸着自己的大胡子。

我经常看见他的这副凄惨模样，但是从来没听格里高里说过一句话。

我觉得胸口压抑得难受极了！

我从没有跑到他面前去，相反，每一次我都躲得远远的，

106

跑回家去告诉外婆："格里高里正在街上要饭呢！"

"啊！"外婆会惊叫一声说，"拿着，快给他送去！"

我立即拒绝了她。

于是，外婆亲自跑到街上，同格里高里聊了很久。

格里高里面带微笑，像个散步的老者似的摸着胡须。但他们从来都是三言两语的，没有太多的话可说。

有时，外婆把他领回家里来吃点儿东西。

我不愿意走到他跟前，因为那样太尴尬了。我知道，外婆也很难为情。

我们对格里高里都避而不谈。只有一次，她把他送走之后，慢慢地踱回来，低着头默默地流泪。

我走过去，抓住她。

外婆看了看我说："他是个好人，也喜欢你，你为什么总是躲着他？"

"外公为啥要把他赶出去？"我没有回答她的问题，却对她提了个问题。

"噢，你那外公。"她停住了脚步，抱住我，几乎耳语一样地说道，"记住我的话，上帝不会放过我们的！他肯定会惩罚我们的……"

果然，十年之后，惩罚来了。

那时，外婆已经永远地离开我们了，外公疯疯癫癫地沿街乞讨，低声哀求着："给个包子吧，行行好吧，请给个包子吧！唉，你们这些人啊……"

> 外婆非常关心格里高里，可见其内心的善良与仁慈。

> 外婆的离去让"我"很痛心。外公沿街乞讨，与他之前的趾高气昂形成对比。

风雨中的成长路

从前那个趾高气扬的他,如今只剩下这么辛酸的一句话:"唉,你们这些人哪……"

除了伊高沙和格里高里让我感到压抑以外,还有一个我一看见就急于躲开的人,那就是浪女人沃萝妮哈。

每逢过节的时候,她就会出现在街头巷尾。她身材高大,头发乱蓬蓬的,老唱着一些浪荡的歌。

所有的人都躲着她,躲在大门后面,或是墙角边。

她在大街上走一趟,就好像秋风扫落叶似的,把街道给扫干净了。

她有时拖着可怕的长声不停地叫着:"我的孩子们啊,你们在哪里啊?"

我问外婆这是怎么一回事。

"这不是你应该了解的!"她阴着脸回答。

但是外婆还是把她的事简单地告诉了我。

> 当时的社会非常不尊重女性,沃萝妮哈生活在那样的时代,遭受着折磨。

这个女人原来的丈夫叫沃罗诺夫,是个当官的。他想往上爬,于是就把她当作礼物送给自己的上司,这个上司便将她带走了。

两年半之后,她回来时,一儿一女都已经死了,丈夫把公款输光,坐了牢。

她的心伤透了,就开始酗酒……经常被警察带走。

总之,家里比街上好。尤其是午饭以后,外公去雅可夫的染坊了,外婆就会坐在窗户旁边给我讲有趣的童话,讲关于我父亲的事。

啊,那是一段多么美妙的时光啊!

外婆曾从猫嘴里救下了一只八哥,替它治好了伤,还教它学说话。

风雨中的成长路

7. 两个上帝

外婆常一个小时接一个小时地站在八哥面前，没完没了地重复着："喂，你快说：'给我吃——饭！'"

八哥儿幽默地眨巴着眼睛，它会学黄鹂的叫声，会学松鸦和布谷鸟的叫声，甚至连小猫的叫声都模仿得惟妙惟肖，可是它学人话却似乎非常困难。

> 外婆照顾八哥，并教它说话，可以看出外婆非常有耐心。

"别淘气，快说：'给我吃——饭！'"外婆不断地教着它。

八哥忽然大声地嚷了一句，好像就是那句话，外婆大笑起来，用手指递给八哥一些面包屑："我就说你行吧，你什么都能学会！"

她教会了八哥说话，它能相当清楚地表达要吃饭的意思。远远地看见外婆，它就扯着嗓子喊："你——好——哇——"

外婆原来将它挂在外公的房间里，可没多久，外公就把它扔到阁楼上来了，因为它老是学外公说话。

外公做祈祷，八哥就把黄蜡似的尖嘴从笼子缝里伸出来，叫道："球、球、球……秃、秃、秃……"

> 外公与八哥计较的场面非常有趣。

外公觉得这是在侮辱他，于是将脚一跺，大骂道："滚，快把这小魔鬼拿走，否则我要吃了它！"

家里还有许多值得回忆的事情，很有趣。

> 最后一段话很有深意，那个房子里不止有快乐的事，也有让我伤心难过的事。

可那个房子始终有一种无法排解的压抑感，让我感到窒息，我好像住在一个暗无天日的深坑里，我看不见，听不见，像瞎子、聋子……

外婆的上帝和外公的上帝有什么不同？"我"的情感倾向于谁的上帝？

8. 房客友谊

外公突然把波列沃伊大街上的房子卖掉了，卖给了酒馆的老板。

他在卡那特街上又买了一栋房子，房子前长满了草，房子外的街道却十分安静、整洁，一直通向远方的田野。

新房子比原来的房子要可爱，正面涂着让人感觉温暖的深红的颜色，有个天蓝色的窗户和一扇带栅栏的百叶窗，左侧的屋顶上撑着榆树和菩提树的浓荫，显得十分美丽。

> 环境描写，"我"认为房子很可爱，突出了"我"对新房的喜爱。

房子后面的花园并不大，但花草凌乱无序，这太让人高兴了，那些僻静的角落特别适合捉迷藏。

花园的一角是个小小的池塘，另一角有个杂草丛生的大坑，里面支棱着几根又粗又黑的木头，这是以前房子的澡堂被烧毁后留下的痕迹。

花园紧挨着奥甫先尼可夫上校的马厩，前面是卖牛奶的彼德萝芙娜的房子。

彼德萝芙娜是个胖胖的女人，说起话来就像爆豆，吵吵嚷嚷的。她的小屋是个半地下室，矮小而破旧，上面长着一层青苔，地面上两扇小小的窗户，注视着远方覆盖着森林的田野。

> 对比这下，彼德萝芙娜家的小屋矮小而破旧，不好看。

风雨中的成长路

田野上每天都会有士兵来回走动，刺刀在阳光下闪着银白色的亮光。

新房子里的房客都是些陌生人，我以前一个都没见过。前院是个鞑（dá）靼（dá）军人，他妻子又矮又胖，这个女人从早到晚嘻嘻哈哈的，弹着吉他唱歌，声音嘹亮：

"爱情完全不够，
还要设法找到别的。
顺着正道走啊，
自有收获在前方。"

> 运用比喻，将军人比作皮球，说他的声音像狗叫，可见"我"并不喜欢他。

军人胖得就像只皮球，坐在窗户边上抽着烟，鼓着脸，瞪着眼不停地咳嗽，声音很奇怪，像狗叫一样。

地窖和马厩的上面，住着两个车夫——小个子的白发彼德，还有他的哑巴侄子斯杰巴，还有一个瘦高的鞑靼勤务兵，叫瓦列依。

最使我感兴趣的是一个叫"好事情"的包伙食的房客。

> 对"好事情"的外貌和语言描写，表现他的和善、友好。

他租的房子就在我们厨房的隔壁。他有些驼背，留着两撇黑胡子，眼镜后面的目光十分友善。他不太爱说话，也不太引人注意，每次让他吃饭或者喝茶时，他总是说："好事情。"

外婆也这样称呼他，不管是不是当着他的面。

"阿廖沙，去叫'好事情'来喝茶！

风雨中的成长路
8．房客友谊

"'好事情'，你怎么吃得这么少呀？"

"好事情"的房间里塞满了各种各样的箱子，有很多用非教会的世俗字体写成的书，可我一个字都不认识，还有很多盛着各种颜色的液体的瓶子、铜块、铁块和铅条。

每天他都在小屋子里转来转去，身上沾满各种各样的颜色，散发着一股难闻的味道。

他不停地熔化着什么，在小天平上称着什么，有时候被烫着了手指，他就会像牛似的低吼着吹气，摇摇晃晃地走到挂图前，然后擦擦眼镜。

有时候，他会在窗口或屋子里停住脚步，长时间地站立着，昂着头，闭着眼，一动不动，就像一根木头。

我爬到房顶上，隔着院子从窗口看他。桌子上酒精灯的黄色火焰衬托出他黑黑的影子，他不停地在破本子上记着什么。

他的两个镜片就像两块冰，反射着寒冷的光。

> "好事情"所做的事引起了我的兴趣，让"我"着迷。

他在干什么？这太让我着迷了。

有时候他背着手站在窗前，对着我发呆，但好像根本就没看见我似的，这让我很生气。

有时候他会突然三步并作两步地跳回桌子前，弯下腰，好像急着寻找什么东西。

如果他是个有钱人，穿得很体面的话，或许我会敬而远之。可他穷，破衣烂衫的，这使我很安心。穷人不可怕，也不会有什么威胁，外婆对他们的怜悯及外公对他们的轻视，都潜移默化地让我认识到了这一点。

> 外公和外婆对待穷人的方式影响了"我"，"我"不再害怕他们。

大家都不太喜欢"好事情"，谈起他都是一副嘲讽的口吻。

那个成天兴高采烈的军人妻子,叫他"石灰鼻子",彼德大伯叫他"药剂师""巫师",外公则叫他"巫师""危险分子"。

"他在做什么呢?"我问。

外婆尖声说道:"别多嘴多舌的,和你无关……"

有一天,我终于鼓足勇气走到他的窗前,抑制住内心的激动,问道:"你在干什么呢?"

他像是被吓了一跳,从眼镜上方看了我半天,向我伸出一只手来,那是只满是烫伤的留有疤痕的手:"爬进来吧!"

他让我爬了进去,从窗户爬进去!啊,他可真了不起!

他把我抱了起来,问道:"你从哪里来?"

每天吃饭喝茶都会见面,他竟然不知道我!

"我是房东的外孙……"

"啊,对了!"他一副突然想起来的样子,可马上又不出声了。

我觉着非常有必要给他说明一下:"我是彼什柯夫,不是卡什林……"

"啊,彼什柯夫!好事情!"他放下我,站了起来,"好好地坐着,可别动啊……"我坐了很长时间,看着他锉那块用钳子夹着的铜片,铜末落到了钳子下面的一张马粪纸上。

他把铜末放到一个杯子里,然后又放了点食盐似的东西,又从一个黑瓶子里倒了点别的东西出来。

"我"被浓烟熏得直咳嗽,可他却很开心,这是为什么呢?

杯子里立刻就"咝咝"地响了起来,一阵呛人的浓烟冒了出来,熏得我一个劲地咳嗽,可是他却颇为开心地说:"怎么样,特别难闻吧?"

"是呀。"

"这太好了,真是棒极了!"

"既然难闻,那还有什么好的呢!"

"啊?也不见得。你没有玩过羊趾骨吗?"

"羊拐?"

"是的,羊拐!"

"以前玩过的。"

"来,我送你一个灌了铅的羊拐。"

"好!"

"那你赶快拿个羊拐来!"

他走了过来,眼睛一直盯着冒烟的杯子说:"我给你一个铅羊拐,以后你不要再来了,好不好?"

这话听得让人生气,我说:"你就是不给我铅羊拐,我也不会再来了!"

我噘着嘴走进了花园,外公正忙着把粪肥上到苹果树根上,现在已经是秋天了。

"过来,帮一把手!"

我问:"'好事情'在干什么呢?"

"他?他在破坏房子!地板烧坏了,墙纸也被弄脏了!我要让他滚蛋!"

"的确应该!"我十分解气地吼道。

倘若外公不在家,外婆就会在厨房里举行非常有意思的茶话会。

秋雨漫漫,大家无所事事,于是都到了这儿来,车夫、勤务兵、彼德萝芙娜,还有那个快乐的女房客。

> "好事情"让"我"不要再去他那,这是为什么呢?

> "我"听到"好事情"要被赶走,有些开心,表现了一个孩童的情绪化。

"好事情"总是坐在墙角的炉子边上,一言不发,一动也不动。

哑巴斯杰巴和鞑靼人玩牌,瓦列依总是用纸牌拍鞑靼人的鼻子,一边拍一边说:"魔鬼!"

彼德大伯带来一块白面包、一罐果酱,他把抹上果酱的面包片分给大家吃,每送给一个人便鞠一个躬,说一句:"请赏光吃一片吧!"

别人接过去之后,他便看看自己的手,如果上面有那么一两滴果酱,他就会舔干净。

此外,彼德萝芙娜还会带一瓶樱桃酒来,快乐的胖女人有时还带糖果。

于是,外婆,她最喜欢的娱乐——宴会——开始了。

> 环境描写,恶劣的天气,反衬出屋里和谐的气氛。

秋雨绵绵,秋风呜呜,树枝摇曳,屋子外面又冷又湿,然而屋子里面却温暖如春。大家紧挨着坐在一起,气氛和谐。

外婆高兴的时候,便会给大家讲神话故事,她开场的时候总是会说:"好啦,我要开始讲了,不过得坐在高处!"

于是她便坐到炕炉上,俯身面对被烛光照亮的人们的脸,一个接一个地讲,每一个故事都很精彩。

我坐在她的身边,脚下是"好事情"。

> 外婆讲的故事潜移默化地影响着"我","我"心中逐渐形成了善恶观。

外婆讲了一个勇士伊凡和隐士米朗那的故事,特别好听。

从前,有一个凶恶的督军,叫高尔康,心狠手辣赛过蛇蝎,满脑子都是坏主意,欺善怕恶,鱼肉百姓。

他有一个最恨的人,是谁呢?是隐士米朗那。

米朗那捍卫真理，扶助弱小，是个好心肠的人。

督军找来勇士伊凡，对他说："伊凡，杀掉那个老家伙。那个骄傲的隐士米朗那！砍了他的头，割了他的耳朵，拿他的肉喂我的狗，这样我才解气！"

伊凡动身上路了。

他一路上冥思苦想，心情十分沉重："逼不得已才去杀人，上帝让我命该如此！"

带着快刀利刃，伊凡来到善良的隐士米朗那面前，向他鞠躬行礼，问道："老人家，您身体还好吗？上帝保佑您安康。"

未卜先知的老人笑了笑，轻声细语地说道："算了，小伊凡，不必学着笑里藏刀！上帝无所不知，善恶均在他的心中！你来的目的，我心里都明白！"

伊凡一听，涨红了脸，但又不能违抗主人的命令，不得不抽出刀说："米朗那，我原本想着不要和你见面，拿着这刀，直接从背后杀了你。现在你祷告吧，请向上帝问个好。为你、为我，也为全人类，我必须杀了你！"

米朗那双膝着地，向着小橡树行了一个礼。

小橡树摇头好像在笑。

老人开口说道："伊凡，伊凡，你可别急！为全人类祷告可真是大事情！等不及的话你就先杀了我吧，完不成任务，主人会责怪你的！"

伊凡羞得脸红到了耳根，忍不住说："我说到做到，你祷告百年我也等着。"

米朗那于是开始祷告，从傍晚祷告到黎明，从春天祷告到夏天，又祷告到秋天，一年一年，没有尽头。

小橡树长成了大橡树，一颗颗橡树籽落地发芽，变成了橡树林，米朗那的祈祷还在继续。

风雨中的成长路

直到今天，他还在祷告，哭诉人间之事，请上帝给人们以鼓励，求圣母施与人们愉悦的心情。

勇士伊凡站在身旁，宝刀、盔甲、衣衫全都化为了尘土，他赤身裸体地站着。

夏天烈日晒，冬天寒风吹，蚊虫吸血，狼虎咬他。

伊凡不能动，也不能说话，上帝给他的惩罚太可怕了。

不应听从坏人的话，忠于职守要先区分善恶。助纣为虐都没有好下场。

米朗那还在祷告，泪水流成江河湖海，流向上帝。

> 小故事大道理，善有善报，恶有恶报。

外婆开始讲这个故事的时候，"好事情"有点心不在焉，一会儿摘下眼镜，一会儿又戴上，两只手来回乱摆，不住地点头，摸脸，擦额头，好像有满头的汗似的。

倘若听众中有谁乱动，打扰了外婆讲故事的思路，他就会竖起一根指头："嘘……"示意人家不要乱动。

外婆讲完了，他忽的一下站了起来，来回走动着，激动地打着手势。

他说："太好了，记下来，应该记下来，真是好极了……"

他突然哭了起来！泪水顺着两颊往下直流。

> "好事情"被故事感动了，他的行为让"我"既心疼又同情。

他在厨房走来走去，磕磕绊绊的，很可笑，也很可怜。

大家都有些不知所措，外婆说："可以，您写吧，我还有许多类似的故事呢……"

"就要这个，地道的俄国风味！"

他站在厨房中间，双手不停地挥动着，大讲特讲起来，其中有一句反复地被提及："不要让别人牵着鼻子走，是的，是的！"

突然，他停了下来，看了看大家，非常不好意思地低下头。

他们轰的一声笑了，外婆叹息地摇了摇头。

彼德萝芙娜迷惑地问道："他生气了吗？"

"没有，他总是这样。"彼德大伯回答，又说道，"这些先生们啊，喜怒无常，难以预测……"

"恐怕是单身汉的怪脾气！"瓦列依说。

大家全都笑了起来。

我认为"好事情"很让人吃惊，还有点可怜。

第二天午后他才回来，样子十分狼狈，非常谦逊地说："太抱歉了，昨天您没生我的气吧？"

"生什么气？"外婆感到特别惊奇。

"唉，我有点控制不住自己，不应该胡乱插嘴……"

外婆似乎有点害怕他似的，回避着他的目光。

但他又凑近了些说："我没有亲人，非常孤独，跟谁都想聊聊……"

"那您为什么不结婚呢？"

"唉！"他叹了口气走了。

外婆闻了闻鼻烟，神情非常严肃地对我说："小心点，不要老跟着他，谁知道他是个什么样的人……"

可是我偏偏觉得他特别有吸引力。

他说非常孤独的时候，神情深深地打动了我，那是一种我

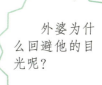

"好事情"意识到自己失态了，第二天主动向外婆道歉。

外婆为什么回避他的目光呢？

"我"作为一个孩子,会觉得"好事情"很有趣,他激发了"我"的好奇心。

能够理解的触动心灵的东西。

我情不自禁又去找他了。

他的房间特别凌乱,一切都毫无秩序地乱放着。

我发现他坐在花园的大坑里,以头枕手,靠在那段烧黑了的木头上。

他眼望着前方,出神地凝视着天边,过了好半天才自言自语地说:"找我吗?"

"不。"

"想干什么?"

"不干什么!"

他擦了擦眼镜,说道:"那你过来吧。"

我过去,紧挨着他坐下了。

"好,坐着,不要说话好吗?你脾气怎么样?固执吗?"

"固执。"

"好事情。"

秋天的环境萧瑟,容易令人伤感。

沉默。

秋天的傍晚,草木在凉风中瑟瑟地抖动,明净的天空中,有寒鸦飞过。

寂静充满了整个空间,心渐渐凉了下来,人也变得有气无力,只剩下了思绪在飘荡。

我倚着他温暖的身子,透过苹果树的黑树枝眺望着泛着红光的天空,凝望着在空中飞翔的朱顶雀。

我看到几只金翅雀撕碎了干枯的牛蒡花的果实,在里面寻找花籽吃,看见云彩下老鸦正姗姗地向坟地里的巢飞去……

多么美好的自然……

他深深地吸了口气，问道："好看吗？冷吗？湿吗？啊，多么美好啊！"

天渐渐地黑了下来。

他说："走吧……"

走到花园时，他又说道："你外婆真是太好了！"

他闭上眼睛，陶醉地念道："上帝给予他的惩罚非常可怕，他不应该听从坏人的话。忠于职守要先学会区分善恶，助纣为虐不会有好下场。啊，你必须记住这些话，记住！"

他拉着我，问："你会写字吗？"

"现在不会。"

"要赶快学，把你外婆说的记下来，很有用处的……"

于是我们成了朋友。

从那天起，我随时都可以去他那里了。我坐在他的破箱子上，不受阻挡地看他熔铅、烧铜，他手里不停地变换着工具：木锉、锉刀、砂布和细线似的锯条……

他向杯子里倒各种颜色的液体，看着它们冒烟。满屋子弥漫着呛人的气味，他咬着嘴唇，不时地翻看书本，或是唱上那么一句："善良的玫瑰哟……"

"你在干什么呢？"

"在做一种东西。"

"什么东西？"

"不好说，你不会理解的……"

"我外公说你是在做假币……"

"你外公？他胡说。我怎么会呢……"

> "我"和"好事情"一起欣赏大自然的景色，沉醉其中。

> "好事情"的语言描写，表现了他对"我"的人生价值观的引导。

> 对话描写，表现了"我"的好奇，以及"好事情"的耐心。

"那么,你用什么买面包?"

"买面包?啊,那需要用钱!"

"还有,买牛肉也要!"

他轻轻地笑了,拉住了我的耳朵:"你把我给问住了!咱们还是不要出声吧……"

有的时候,他不工作了,我们便肩并肩地遥望窗外,看秋雨在房顶上、草地上、苹果树上慢慢地飘洒。

除非非常必要,他一般不说话。

如果想让我注意一下什么,他常常只是推我一下,向我挤挤眼睛。

> 细节描写,表现"我"与"好事情"独特的交流方式,这让"我"觉得很有意思。

我被他这么一推、一眨眼睛,就觉得好像所见到的东西就特别有意思了,一下子就记到了心里。

例如,一只猫跑到一潭水前突然停住了,它瞅着自己在水中的影子,举起爪子要去抓!"好事情"说:"猫总是特别多疑的……"

大公鸡想往篱笆上飞,差一点就掉下去了,显然是生了气,引颈大叫!

"噢,好大的架子,只可惜它不够聪明……"

瓦列依踩着满地的泥泞走过去,他仰起头来看天,两个颧骨突起老高。秋日的阳光照在他上衣的铜扣子上,闪闪发光,他不自觉抚摸着扣子。

> "我"在"好事情"面前可以随意倾诉,他成了"我"的心理依靠。

"他正在欣赏自己的奖章呢……"

"好事情"成了我生活中必不可少的人,我离不开他了。

他虽然很少说话,但并不阻止我讲出我所想到的东西。

这和外公不一样，他总是说："闭嘴，总是没完没了的！"

外婆现在变得心事重重，很少注意别人讲话，也不过问别人的事了。

只有"好事情"经常专心致志地听我说话，笑着说："这不大对吧，你瞎编的吧……"

他三言两语的评价总是那么恰到好处。

我有时故意编一些不着边际的事，假装真的事情讲给他听，可是还没讲几句，他就识破了："噢，又瞎说了……"

"怎么知道的？"

"我可以看出来……"

外婆常常带我去先娜文挑水。

有一回，我们看见五六个小市民正在打一个乡下人，他们把乡下人按在地上，往死里打。

> 外婆善良又勇敢，无所畏惧地帮助乡下人。

外婆扔掉水桶，大步向他们跑去，同时向我喊了一声："赶快躲开！"

我不知道是怎么回事，一个劲地跟着她跑，捡起石头子投向那些小市民。

外婆无所畏惧地用扁担打他们，又来了一些人，小市民们全都跑了。

那个乡下人被那伙人打得遍体鳞伤，他用流血不止的手指按住撕开的鼻孔，哀号着，咳嗽着，血溅了外婆一身，她浑身都在发抖。

我回到家，把这件事告诉了"好事情"，他呆立着，目光严厉地看着我，突然说："太好了，就该这么办！"

我刚才看到的一切深深地震撼了我，我不顾他的反应，继续说着。

可是他抱住我，激动地在屋子里走来走去："好了，好了，你已经讲得很全面了，真是太好了！"

我有些委屈，可很快便醒悟过来，我是在不停地重复！

"噢，你不能总是重复！这不是最好的记忆方法！"

类似这种突如其来的一句话，经常让我记上一生。

我和他讲了我的故人克留会尼可夫，那是个大脑袋的孩子，是个打架能手。我打不过他，谁也打不过他。

> "好事情"教给了"我"一些道理，这些道理"我"在生活中很有用，他潜移默化地影响着"我"的成长。

"好事情"听了，说道："这是小事，都是些笨力气，真正的功夫在于动作的灵敏，懂吗？"

从此我更重视"好事情"的话了。

"任何东西全都要会拿，这可是件特别困难的事啊！"

我不明白这是什么意思，可其中的神秘感让我永远忘不了。

> 用猫的行为来表现家里人都不喜欢"好事情"。"我"通过打猫，表达自己内心对这一现状的不满。

家里人越来越不喜欢"好事情"，连猫也不往他膝盖上爬了，但别人的膝盖它都愿意爬。

我因此打过这只猫，为了让它别害怕"好事情"，我几乎气哭了。

"或许是我身上有酸味吧，它不喜欢！"

外公知道我常常去"好事情"那儿后，狠狠地揍了我一顿。

这事我没有告诉"好事情"，可是我告诉他别人对他的看法："外婆说你在搞'歪门邪道'！外公也说你是上帝的敌人。"

他淡淡地一笑："这个我早就知道了！"

"真的吗？"

"是啊……"

他最终还是被赶走了。

一天，我一大早跑去他那儿，看见他一边唱《善良的玫瑰》，一边整理箱子里的东西。

"我就要走了……"

"为什么呢？"

他看了看我："你不知道吗？这房子要腾给你母亲住……"

"谁说的呢？"

"你外公。"

"他胡说八道！"

"好事情"拉着我坐到一边，悄声地说："不要生气！我还以为你已经知道，故意瞒着我呢，我错怪你了……"

我感到特别难过。

"你还记得我不让你到这儿来的事吗？"

我点了点头。

"你当时生我的气吗？"

我又点了点头。

"我知道，若是咱们俩成了好朋友，你家里人一定会骂你的！你明白我为什么给你讲这些吗？"

"那当然。"

"噢，那可好了，正应该如此……"

我心里非常难受："他们为什么不喜欢你呢？"

"我是个局外人……"

我不知道说什么好，拉着他的袖子不愿意松手。

"不要生气，也不要哭……"他几乎是在对我耳语，他自己的眼泪却流了下来。

> 为什么"我"会和大家都反感的怪人相处如此融洽，且有感情呢？

> 通过"好事情"的语言描写,表现他无畏周围人的评价,坚持自我。

我们俩沉默地坐了许久。

晚上,他便走了。

我走出门,看他上了车,滚动的车轮摇摇晃晃地行驶在泥泞的路上。

他一走,外婆就开始冲洗那间房屋,我在屋子里来回走动,故意打扰她。

"赶快走开!"

"你们为什么要把他赶走呢?"

> 通过对"我"的语言和动作描写,表现"我"与"好事情"深厚的友谊。

"这可不是你问的!"

"你们全都是些混蛋!"

"你是不是疯了?"她抡起了拖把,想要吓唬我。

"我没说您!除了您,全都是混蛋!"

吃晚饭的时候,外公说:"谢天谢地,看不见他了!这家伙让我心口堵得慌!"

我恨恨地弄断了勺子,又挨了一顿揍。

我和他的友谊就这样结束了。

乐行乐思

"我"和"好事情"怎样成为朋友的?"好事情"给你留下了怎样的印象?

9. 彼德大伯

"好事情"走了之后,我和彼德大伯关系挺要好。

他也像外公那样,干瘦干瘦的,个子更加矮小,就像个小孩扮成的老头。

他脸上皱纹堆叠,眼睛却十分灵活,这就显得非常可笑。

> 外貌描写,一个跟"好事情"一样有趣的人引起了"我"的兴趣。

他的头发是浅灰色的,烟斗里冒出来的烟跟他的头发是一个颜色。

他讲起话来嗡嗡的,满口的俏皮话,就像在嘲弄所有的人。

"开始那几年,伯爵小姐,敬爱的达尼娅·列克塞芙娜,命令我说:'你去当铁匠吧。'可过了一阵子,她又说:'你去给园丁帮忙吧。'"

"行啊,干什么都可以,我只是一个大老粗嘛!"

"可过了一阵子,她又对我说:'你应该去捕鱼!'"

"行啊,那就去捕鱼吧!我刚刚爱上这一行,又被命令去赶马车、收租子……"

"最后,小姐还没来得及再让我改行,农奴便被解放了,我身边只剩了这匹马,它现在就是我的公爵小姐!"

这是一匹衰老的白马,全身的灰土使它变成了一匹杂色的马。它皮包着骨头,两眼昏花,脚步迟缓。

彼德对它向来毕恭毕敬,不打它,也不骂它,叫它丹

尼加。

外公问他:"为什么要用基督教里的名字称呼一头牲口呢?"

"不是的,基督教里可并不是只有一个丹尼加啊!"

彼德大伯认识字,把《圣经》读得烂熟,他常常和外公讨论圣人里谁更神圣。

他们批评那些有罪的古人,尤其是阿萨龙,经常对他破口大骂,有的时候他们的争论则完全是语法方面的。

彼德特别爱干净,他总是把院子里的碎砖烂石踢开,一边踢一边骂:"碍事的东西!"

> 通过对比写出彼德大伯的性格有些古怪,让"我"捉摸不透。

他非常喜欢说话,似乎是个很快乐的人。可有时他会坐在角落里,半天不说一句话。

我问:"彼德大伯,您怎么啦?"

"滚!"他非常粗暴地回答。

之后我们那条街上搬来了一个老爷,他的脑袋上长着一个大瘤子。

> 彼德大叔的习惯真的很奇怪,他有什么故事吗?

他有个很奇怪的习惯,每逢周日或假日,他就喜欢坐在窗口上用鸟枪打鸡、猫、狗和乌鸦,有时候还对着他不喜欢的行人开枪。

有一回,他击中了"好事情"的腰,"好事情"幸亏穿着皮衣才没有受伤。他拿着发着蓝光的子弹看了好久。

外公劝他去告状,可是他把子弹一扔:"不值得!"

有一次,他打中了外公的腿。外公告了状,可是那个老爷消失了。

每次听到枪声,彼德大伯总是匆匆忙忙地把破帽子往头上一戴,冲出门去。

他抬头挺胸，在街上来回逛，就怕打不中他似的。

那个老爷显然对他不感兴趣，众目睽(kuí)睽之下，彼德大伯常常一无所获地回来。

有时候，他兴奋地跑到了我们面前："啊，打着我的衣服下摆了！"

有一回，打中了他的肩膀和脖子。

外婆一边用针给他挑子弹，一边说："你为什么惯着他？小心他打瞎你的眼！"

"不会的！他算哪门子射手呀！"

"那么你在干什么呀？"

"只是逗他玩！"

> 彼德大伯奇怪的爱好让人不解。

他把挑出来的子弹放在手心里，仔细看了看说："算哪门子枪手啊！伯爵小姐有位丈夫叫马蒙德·伊里奇——她的丈夫挺多，经常换！

"有一个是位军人，啊，那枪法，简直可以说是无与伦比！他只用那种单个的大子弹，不用这样一大把的小东西！"

"他让傻子伊格纳什加站在很远的地方，在他腰上系一个小瓶子，瓶子垂悬在他的两腿之间。'啪'的一声，瓶子碎了！伊格纳什加傻笑着，非常高兴。"

"只有那么一次，不知是什么小东西咬了他一口，他一动，子弹打中了他的腿！大夫立刻就被叫了来，剁掉了他的腿，埋了，完了。"

"傻子呢？"

"他，没事！"

"他不需要什么手啊，脚啊的，就凭他那副傻相就有饭吃了。个个都喜欢傻瓜，俗话说，只要是法院的就能管别人，只要是傻子

> 通过他人的对话，写出了伊格纳什加的不幸遭遇，令人同情。

就不欺负人……"

这类故事一点儿也不让外婆感到惊讶，因为她知道很多这类故事。

我可不行，有些害怕："这样打枪会不会打死人？"

"当然。"

"他们自己还在互相打呢，有一次一个枪骑兵和马蒙德吵了起来，枪骑兵一枪就把马蒙德给打到坟里去了。自己也被流放到了高加索。"

"这是他们打死了自己人，打死农民则是另外一回事。因为农奴没解放以前，农民是他们的私人财产，现在乱了，随便打！"

"那时候也随便打！"外婆说。

彼德大伯认为也是这样："是的，私人财产，农奴可真不值钱啊……"

> 彼德大伯对"我"很特别，表现了他对"我"的关爱。

彼德大伯和我非常好，和我说话要比和大人说话和气得多，可他身上有一种我不喜欢的东西。

他给我的面包片抹的果酱总比给别人的厚，他说话的时候也总是一本正经的。

"将来想干什么，小伙子？"

"当兵。"

"好！"

"可是现在当兵也不容易啊，神甫多好，说几句'上帝保佑'就应付了差事，当神甫比当兵好得多！当然，最容易的是渔夫，什么也用不着学。"

他模仿着鲈鱼、鲤鱼、石斑鱼上了钩以后挣扎的样子，特别可笑。

风雨中的成长路

9. 彼德大伯

"你外公打你，你生气吗？"

"生气！"

"小伙子，这就是你的不是了。他可是在管教孩子啊，他是为了你好！"

> 得知"我"的志向后，彼得大伯发表了自己的看法。

"我的那位伯爵小姐，打起人来真叫厉害！她专门养了一个打人的家伙，叫赫里斯托福尔。那家伙，非常厉害，远近闻名。邻近的地主都向伯爵小姐借他，借他去打农奴！"

> 细节描写，表现了地主的凶狠、残暴。

他细致地描述着这样一幅画面：伯爵小姐穿着白细纱的衣裳，戴着天蓝色的头巾，坐在房檐下的红椅子上，赫里斯托福尔在她前面鞭打那些农夫和农妇。

"小伙子，这个赫里斯托福尔虽然是个梁赞人，但他长得很像茨冈人或是乌克兰人，他唇上的胡子一直连到耳朵根，下巴刮得青黝黝的。"

"也不知道他是真傻，还是怕别人找他帮忙而装傻，反正他经常坐在厨房里，手里还拿着一杯水，然后捉了苍蝇、蟑螂、甲壳虫往里放，直到它们被淹死为止。有时候，他把从自己的领子上捉到的虱子也放到杯子里淹死。"

他的故事我知道得非常多，都是外婆和外公讲给我听的。

> 彼德大伯将这些可悲的故事告诉"我"，让"我"看到了人们的不幸。

故事千奇百怪，可都是同样的内容：折磨人、欺负人、压迫人！

我请求他："讲点其他的吧！"

"好，那就讲点别的。"

"我们那儿有一个厨子……"

"哪里呀?"

"伯爵小姐那儿!"

"伯爵小姐长得漂亮吗?"

"漂亮,她还有小胡子呢。漆黑的!她的祖先是黑皮肤的德国人,特别像阿拉伯人……好了,咱们还是回来讲那个厨子吧,这个故事也非常逗人呢!"

故事是这样的:厨子做坏了一个大馅饼,主人就逼他一下子把它全都吃完,后来他就一病不起了。

我特别生气:"并不可笑!"

"那,什么才算可笑呢?"

"我也不知道……"

"那就不要说了!"

过节的时候,两个萨沙表哥都来了。

我们在屋顶上跑来跑去,看到贝德连院子里有个穿绿色皮礼服的老爷,他坐在墙边逗着几只小狗玩。一个萨沙表哥建议去偷一只狗。

> "我"受环境影响,竟然做出了偷窃的坏行为。

我们制订了一个巧妙的偷窃计划。

两个表哥跑到贝德连的大门前,我在这里吓唬他,把他吓跑以后,他们就跑进去偷狗。

"怎么吓唬他呢?"一个表哥不解地问。

"对着他的头吐唾沫!"

吐唾沫算不了什么,残酷的事我都听多了,我毫不犹豫地执行了我的计划,结果闹出了一场轩然大波。

贝德连带了一大群人到我们家闹,当着他们的面,外公狠狠地打了我一顿。因为我执行任务时,两个表哥正在大街上玩,所以没有他们什么事。

彼德大伯穿着过节时的衣服来看望我,说:"好啊,小伙子，对他就该这样，应该用石头砸他！"

我脑子里浮现出那位老爷的脸，圆乎乎的，没有胡须，就像个孩子，他好像狗崽子似的吼了起来，然后用手绢拼命地擦着脑袋。

想到这，我注意到了彼德大伯那张堆满皱纹的脸，说话时肌肉的哆嗦，跟外公别无二致。

"滚开！"我大叫了一声。

从此我再也不愿跟他聊天了，同时开始期待着会有什么别的事情发生。

此事以后，又发生了一件事。

贝德连家一向过着热闹的生活，有许多年轻漂亮的小姐们、军官们和大学生们来找他们。

他们家的玻璃窗亮堂堂的，快乐的歌声和喊叫声经常从那里面飘出来。

外公特别不喜欢他们家的一切："哼，异教徒，不信神的家伙！"

外公还用特别下流的字眼骂这家人，彼德大伯解释给我听，让人觉得非常恶心。

和他们家形成鲜明对比的是奥甫先尼可夫家。

我认为他们家颇有神话色彩：院子里有草坪，中间是口井，井上有一个用柱子支起来的顶棚。

他们家的窗户特别高，玻璃模模糊糊的，阳光下反射出七彩的光。大门边上有个仓库，还有三个高高的窗户，但都是假的，画上去的。

院子有点破旧，但是非常安静。

偶尔院子里有一个瘸腿老头走动，雪白的胡子；偶尔又有一个络腮胡子的老头出来，从马厩里牵出一匹马来。

那是一匹瘦瘦的灰马，总是点着头，就像个谦恭的修女。

将瘦马比作修女，可见马非常温顺。

我感觉这个老头想要离开这个院子，可他被魔法镇住了，永远走不出去。

奥甫先尼可夫家的院子里总有三个孩子在玩，他们穿着灰色的衣服，戴着灰色的帽子，长着一双灰色的眼睛，只能从个头的高矮来区分。

我从栅栏缝里看着他们，他们却看不见我。我很希望他们能看见我！

三个孩子互相关心，和谐相处，这样的氛围令我向往。

他们是那么快乐地玩着我所不知道的游戏，彼此会善意地关怀对方，两个哥哥尤其对他们那个矮胖的弟弟很好。

如果他摔倒了，哥哥们也像平常人那样笑，但不是恶意的、幸灾乐祸的笑。

他们会马上把他扶起来，看看是不是摔伤了，和气地说着："瞧你笨的……"

他们不打架，也不骂街，既团结又快乐。

有一次我爬到树上冲他们吹口哨。他们一下子都站住了，看着我，又商量着什么，我赶紧爬下了树。

我想他们马上就会向我扔石子了，所以我在衣服口袋里塞满了石子。

可等我再爬到树上后，发现他们都跑到院子的另一个角落里去玩了。

风雨中的成长路
9. 彼德大伯

我感到有些惆怅，因为我并不想挑起战争。

一会儿，有人叫他们："孩子们，回家啦！"

有好几次，我坐在树杈上，希望他们叫我跟他们一起玩，可他们从来不叫我。不过，我早就在心中跟他们一起玩了。

> "我"很渴望和他们一起玩耍，但他们并不和"我"一起玩，这让"我"非常失落。

有时，他们看看我，又商量着什么，我有点不好意思，就从树上爬了下来。

有一次，他们捉迷藏，该老二找了。他诚实地闭着眼睛。哥哥迅速地爬进了仓库里的雪橇（qiāo）后面，小弟弟却手忙脚乱地绕着井跑，不知道该往哪儿藏才好。最后，他越过井栏，抓住井绳，把脚放进了空的水桶里，水桶一下子就顺着井壁落下去了，立刻就不见了。

我一愣，马上果断地跳进了他们的院子。

"快，他掉井里去了……"

我和老二同时跑到井栏边，抓住了井绳，拼命地向上拉！

> "我"看见一个小男孩掉进井里，毫不犹豫地跳进院子去救他，表现了"我"善良、勇敢、乐于助人的品质。

大哥也跑了来，一起往上拉。

不一会儿，小弟弟被拉了上来，他手上有血，身子全湿了，脸上也蹭脏了。

他努力向我们微笑着："我——是——怎么——掉井里——去了……"

"你简直发疯了！"

他二哥抱起了他，帮他擦着脸上的血迹。

大哥皱着眉说道："回家吧，恐怕瞒不住了……"

"你们要挨打了吧?"我问他们。

大哥点了点头,向我伸出手来说:"你跑得可真快!"

我非常高兴,可还没来得及把手伸出去,他就对二哥说:"走吧,别让他着凉了!就说他摔倒了,不要说掉井里了!"

"对,不要提!就说我是摔到水洼里了!"小弟弟说。

他们走了。

一切都过得太快了,我扭过头来,看看跳进来时扒着的那根树枝,还晃着呢,一片树叶从上面飘了下来。

因一起救了小弟弟,"我"和他们成了朋友,"我"非常开心拥有了朋友。

三兄弟有一个星期没有出现。后来,他们终于出来了,比以前玩得还闹腾,见我还在树上,便说:"来玩吧!"

我们坐在仓库的雪橇上,聊了好长时间。

"你们挨打了吗?"我问。

"是的。"

他们原来和我一样,也会挨打。

"你为什么要捉鸟?"小弟弟问。

"它们会叫,叫得还非常动听。"

"不要捉了,应该让它们飞走……"

"好吧,再也不捉了。"

"不过,请你再捉一只送给我吧!"

"你要一只什么样的呢?"

"好玩的,能装进笼子里玩的。"

"那就是黄雀了。"

"猫一定会吃掉它的,爸爸不让我玩……"二哥说。

"你们有亲生的妈妈吗?"

"没有。"老大说。

老二赶紧改正说:"另外有一个,不过不是亲的,亲的已经死了。"

"那是后妈。"我说。

老大点了点头,三兄弟有些神色黯然。

从外婆讲的童话里,我知道了什么是后妈,因此我非常了解他们突然的沉默。他们就像小鸡似的互相依偎着。

> "我"因受外婆所讲故事的影响,对"后妈"有反感情绪。

我想起了童话里的后娘怎么狡猾地占据了亲娘的位置,于是说道:"等着看吧,你们的亲妈会回来的。"

大哥耸了耸肩,说:"死了还能回来吗?"

怎么不会呢?人死而复生的事简直太多了!剁成肉块的人洒点活水就活了!

死了,可不是真的死,不是上帝的意志,而是坏人的魔法!

我兴奋地和他们讲起了外婆的那些童话,大哥笑了笑,说:"这是童话!"

他的两个弟弟一言不发地听着,神色平静。二哥以胳膊肘支膝,小弟弟勾着他的脖子。

> 环境描写,运用拟人的手法,将天空的晚霞描绘得很生动,其实也是"我"内心欣喜的写照,借景抒情。

天色渐渐晚了,红色的晚霞在天上悠闲地散起步来。

一个白胡子老头来了,他穿着一身神甫式的肉色长衫,戴着皮帽子。

"这是谁呢?"他指着我问。

大哥向我外公的房子摆了一下头说:"从那边来的。"

"是谁让他来的?"

他们默不作声地回家去了。

老头抓住我的肩，向大门走去。

我吓得连哭都不敢哭不出来了，他迈着大步，在我哭出来之前回到了大街上。

他停住脚步，吓唬我说："不许上这来了！"

> 三兄弟为什么如此害怕这个白胡子老头呢？

我非常生气，叫道："我又没有来找你，老鬼！"

他又拎起我来，边走边问："你外公在家吗？"

算我倒霉，外公正好在家。

他站在那个凶恶的老头面前，惊慌地说："唉，他母亲不在家里，我又很忙，没人管他！上校，请原谅！"

> 从外公对老头的称呼中，可以理解三兄弟害怕的原因了。

上校转身便走了。

我被扔进了彼德大伯的马车里。

"为什么要挨打啊？"彼德大伯问我。

我讲了，他马上发火了："你干吗要和他们一块玩？他们可是毒蛇般的少爷！瞧你，为他们无缘由地挨了顿揍，还不去打他们一顿！"

> 彼德大伯对三兄弟的评价，令"我"非常不满。"我"逐渐有了自己的是非观。

我露出非常厌恶他的样子，说："没必要打他们，他们都是好人！"

他看了看我，怒吼道："滚，滚下来！"

"你真是个大混蛋！"我大叫一声。

他满院子追我，一边追一边喊："我混蛋？我让你知道我的厉害……"

我一下子扑到了刚刚走到院子里的外婆身上，他便向外婆诉起苦来："这孩子让我没办法活了！我岁数比他大五倍啊，他竟骂我母亲，骂我是个骗子，什么都骂啊……"

我感到震惊极了，他竟然当着我的面撒弥天大谎！

外婆强硬地回答他："彼德，你撒谎！他不会骂那些话的！"

> 语言描写，表现彼德爱撒谎的丑陋嘴脸。

如果是外公，便会相信这个笨蛋了。

从此，我们之间便发生了一系列争斗。

他故意碰我、蹭我，把我的鸟儿放走、喂猫，还添油加醋地向外公告我的恶状。

我认为他越来越像个装成老头的孩子。我偷偷拆散他的草鞋，不露痕迹地把草鞋带弄松，他穿上之后就会断开。

> "我"和彼德的争斗，充满了孩子气。

有一次，我往他帽子里撒了一大把胡椒，让他打了一个小时的喷嚏（tì）。

我充分运用了智力来报复他，他则每时每刻都监督我，抓住我任何一个犯错的机会，一旦发现就会马上向外公报告。

我仍然和那三个兄弟来往，我们玩得非常愉快。

在两个院子的围墙之间，有一个僻静的角落，那儿有许多树，榆树、菩提树和接骨木。我们在树下凿了一个大洞，三兄弟在那边，我在这边，我们悄悄地说着话。

他们之中的一个，总是小心地站着岗，怕被上校发现。

他们对我讲了他们的苦闷生活，我为他们感到悲伤。他们讲了我为他们捉的小鸟，讲了许多童年的事，可从来不提及他们的后妈和父亲。

他们常常让我讲童话，我把外婆讲过的童话复述给他们听，如果其中有哪儿忘了，我就让他们等一会儿，跑过去问外婆，这使外婆非常快乐。

风雨中的成长路

我跟他们讲了许多关于外婆的事，大哥叹了一口气，说："或许外婆都是很好的，以前，我们也有一个非常好的外婆……"

他特别伤感地说起"从前""过去""曾经"这类词，好像他是个老人，而他不过是个十一岁的孩子。

> 把他的眼睛比作教堂里的长明灯，表现了他虽然瘦小，但很有精神。

我还记得，他的手很小，身体很瘦弱，眼睛很明亮，像教堂里的长明灯。两个弟弟也十分可爱，让人非常信任，我经常想替他们做点让他们高兴的事。当然，我更喜欢他们的大哥。

有时，我们正讲得起劲的时候，没留心彼德大伯出现在我们背后，他阴沉着脸说："又——到一起啦？"

彼德大伯每天回来时的心情我都能提前知道。

> 这里可见"我"观察非常细致。

一般情况下，他开门是不慌不忙的，门锁慢慢地响着；但是如果他心情不好的话，开门就会很快，"吱扭"一声，好像疼了似的。

他的哑巴侄儿到乡下结婚去了，彼德大伯一个人住，屋子里总是弥漫着一股臭汗和烟草的混合味道。

他睡觉不灭灯，这让外公特别不高兴。

"小心烧了我的房子，彼德！"

"放心吧，我已经把灯放在水盆里面了。"他眼睛看着一边，回答道。

他现在不参加外婆的晚会，也不请人吃果子酱了。他脸上失去了光泽，走路也摇摇晃晃的，像个病人。

有一天早晨，外公在院子里扫雪，门"咣当"一声开了，一个警察破门而入，手指头勾了一勾，让外公过去。

外公赶快跑了过去，他们聊了几句。

风雨中的成长路
9. 彼德大伯

"……在这里！什么时候？"

外公有些可笑地跳了一下："上帝保佑，真有这样的事吗？"

"不要叫！"警察命令。

外公只好打住，一回头便看见了我，喝道："滚回去！"

口气和那个警察一样。

我躲了起来，远远地看着他们。

他们向彼德大伯的住处走去，警察说："他已经扔掉了马，自己也藏了起来……"

我跑去问外婆。

她摇了摇满是面粉的头，一边和着面，一边说："或许是他偷了东西吧……好啦，去玩吧！"

我又回到院子里。

外公仰头向天，画着十字，看到了我，怒不可遏地大吼道："滚回去！"

一会儿，他也回来了。

"过来，老婆子！"他叫着。

通过对比，表现外公和外婆对"我"的态度截然不同，呈现了他们俩不一样的性格特点。

他们到另一个房间里嘀咕了好长时间。我明白一定发生了可怕的事。

"怎么了呢？"我问外婆。

"住嘴！"她低声回答。

这一整天，他们俩总是时不时地互相望上一眼，三言两语地小声说上几句。惊恐的气氛已笼罩了全家。

"老婆子，把长明灯都点上！"

午饭吃得非常潦草，他们好像等待着什么似的。

外公嘀咕着："魔鬼比人有力量！信教的人就应该诚实，

风雨中的成长路

> 外公和外婆奇怪的行为让气氛很压抑，暗示着事情很糟糕。

可是你看看！"

外婆叹了口气。

傍晚时，来了一个红头发的胖警察。他坐在厨房的凳子上打着盹，外婆问道："是怎么查出来的？"

"我们什么都查得出来。"

沉闷的空气让人感到喘不过气来。

门洞里突然响起了彼德萝芙娜的喊声："快去看看，后院是什么东西啊！"

她一看见警察，马上转过身向外跑，警察一把揪住了她的裙子。

"你是什么人呢？来看什么？"

她惊慌地回答说："我去挤牛奶，看到花园里有个像靴子似的东西。"

外公跺着脚大骂："胡说八道！围墙那么高，你能看见什么呢？"

"哎哟，老天爷啊，我可没有胡说！我走着走着，忽然发现有脚印一直通到你们的围墙下，那儿的雪地被踩过了，我往里头一看，发现他躺在那儿……"

"谁，是谁躺在那儿？"

> 详细地描写了众人看到彼德大伯死去的场面，有些震撼。但是外公却关注着他的草莓，表现了他内心的自私、冷漠。

大家好像都发了狂，一起向后花园冲去。彼德大伯仰面躺在后花园的地上，头耷拉着，右耳下有一条深深的伤口，红红的，就像另外一张嘴。他赤裸的胸脯上，挂着一个铜十字架，已经浸在了血里。

接下来，便是一片混乱。

142

外公大喊："千万不要毁了脚印，保护现场。"

可是他忽然转过头去，严肃地对警察说："老总，这不关你们的事。知道吗？这是上帝的事，这是上帝的裁决……"

大家全都不作声了，凝视着死者，在胸前画着十字。

后面有脚步声，外公绝望地大喊："你们为什么糟踏我的草莓？为什么？"

外婆呜咽着，拉着我的手回家去了。

"他干什么了？"我问。

"你看见了……"她答道。

直至深夜，外面挤满了陌生人。

警察指挥着，大家忙个不停。外婆在厨房里请所有的人喝茶，一个麻脸的大胡子说道："他是耶拉吉马的人，真实姓名还没有查出来。"

哑巴一点儿不哑，他招了；另外一个家伙也招供了。

从他人的叙述中，"我"得知了彼德大叔是耶拉吉马的人，还干过抢劫教堂的事，补充交代了他的死因。

"他们早就开始抢劫教堂了……"

"天哪！"彼德萝芙娜一声叹息，泪水流了下来。

我从上往下看，所有的人都变得那么渺小……

"我"与彼德大伯成了朋友，为什么后来又憎恨他呢？请分别说出"我"喜爱与憎恨他的原因。

10. 母亲归来

星期六早晨，我又到彼德萝芙娜的菜园子里去逮鸟，好半天都没逮到一只。

> "我"非常享受户外的生活，喜欢亲近大自然。

小鸟们在挂霜的树枝间不住地跳跃，地上落下的片片雪花，在阳光下闪烁着耀眼的光芒。

我热爱的是打猎的过程，对结果并不怎么在意，我喜欢小鸟，喜欢看它们跳来跳去的样子。

多好啊，坐在雪地上，在寒冷的空气中听小鸟鸣叫，远处云雀不断地飞过来……

等到我无法再忍受寒冷的时候，便收起了网和鸟笼，翻过围墙回家去了。

大门开了，进来了一辆马车，马夫吹着快乐的口哨。

我心里一颤，问："是谁来了？"

他看了看我，说道："是老神甫。"

神甫，和我没关系，一定是来找哪个房客的。马夫吹着口哨，赶起马车，头也不回地走了。我走进厨房，忽然，从隔壁传来一个非常清晰的声音："怎么办？想杀了我吗？"

> 从动作描写中可以感受到"我"因母亲归来而激动。

是母亲！

我猛地蹿出门去，迎面撞上了我的外公。

他抓住我的肩膀，瞪着眼说："你母亲来了，去吧！"

"等等！"他抓住我，推了我一下，又说："去吧，去吧！"

我的手有些不听使唤了，不知道是冻的，还是激动的，老半天我才推开门走了进去。

"哟，来了！我的天啊，都这么高了！还认识我吗？看给你穿成什么样子了……他的耳朵都冻坏了，快，妈妈，拿一些鹅油来……"

母亲俯下身来给我脱了衣服，把我转来转去，转得跟一个皮球似的。

她穿着红色的长袍子，一排黑色的大扣子，从肩膀斜着一直扣到下摆。我们以前从来没有见过这类衣裳。她的眼睛更大了，头发也更枯黄了。

> 细节描写，表现了母亲对"我"的爱，以及"我"对母亲的爱。

"你怎么不说话？不高兴？看看，多脏的衣服……"

她用鹅油擦了擦我的耳朵，我感觉有点疼，从她身上传来的香味挺好闻，减轻了点疼痛。

我依偎着她，好长时间说不出话来。

外婆有些不愿意："他可野啦，谁都不怕，就连他外公也不怕了，唉，瓦尔瓦拉……"

"妈妈，一切会好的，一定会好的！"

母亲还是那么高大，周围的一切都显得矮小了。

她抚摸着我的头发说："应该上学了。你想不想念书？"

"我都已经会念了。"

"是吗？还是得多念点才行！瞧瞧，你长得多么壮啊！"

她笑了，笑得十分温柔。

外公无精打采地走进来。

> 为什么外公不欢迎母亲呢?

母亲推开了我,对外公说:"您想让我走吗,爸爸?"

他没有作声,只是站在那儿用指甲划着窗户上的霜花。

这种沉默让人难以忍耐,我胸膛几乎都要爆裂了。

"阿廖沙,滚!"他突然叫道。

"你干什么!"母亲一把抱住了我,"我不让你走!"

母亲站起来,说:"爸爸,您听着……"

"你给我住嘴!"外公高喊着。

"请你不要乱喊乱叫!"母亲轻轻地对外公说。

外婆站了起来:"瓦尔瓦拉!"

外公坐下来:"你哪能这么着急呢?啊!"

可是他突然又叫了起来:"你给我丢了脸,瓦尔瓦拉!"

"你给我出去!"外婆命令我。

我非常不高兴地去了厨房,爬到炕上,听着隔壁时而激烈时而缓和的谈话声。

> 这里交待了外公不欢迎母亲的原因,"我"以一个孩子的视角做出了天真的猜测。

他们在谈母亲生的孩子,不知道为什么,外公非常生气。或许是因为母亲没跟家里打招呼就把小孩送人了吧。

他们到厨房里来了。

外公一脸的疲倦,外婆抹着眼泪。

外婆跪到了外公面前:"看在上帝的分上,就饶了她吧!"

"就是那些老爷家里不也有这种事发生吗?她孤身一人,又长得那么漂亮……就饶了她吧……"

外公靠在墙上,冷笑着说:"你没有饶过谁啊?你都饶了,饶吧……"

他突然抓住了她的肩膀，叫道："然而上帝是不会饶恕有罪过的人的！快死啦，还是不能过太平日子，我们不会有好下场的，饿死算了！"

外婆轻轻一笑，说道："老头子，也没什么了不起的，大不了去要饭嘛，你在家里，我去要！我们是不会挨饿的！"

> 运用神态、动作、语言描写，写出了外公和外婆的无奈，三人抱在一起，让人觉得心酸。

他忽然笑了，搂住了外婆，然后又哭了："我的傻瓜，我唯一的亲人！咱们为他们辛苦了一辈子，到头来却……"

我也哭了，跳下炕，扑进了他们的怀里。

我哭，是因为我高兴，他们从来没有这么亲密和和谐过。我哭，是因为我同时也感到十分悲哀。我哭，还因为母亲突然的到来。

> "我"的哭声中既有高兴又有悲伤，五味杂陈。这丰富的体验，促进了我的成长。

他们紧紧地搂住我，我们哭成了一团。

外公低声说："你妈来了，你就跟她走吧！你外公这个老鬼太凶恶了，你不要他了啊，你外婆只知道溺爱你，也不要她了啊，唉……"

突然，他把我和外婆推开，唰的一下站起来："全都走吧，走吧……快，把她叫回来！"

外婆立即出去了。

外公低着头，哀号着："主啊，仁慈的主啊，你全都看见了吗？"

我特别不喜欢他跟上帝说话的这种方式，捶胸顿足还是其次，主要是那种语气！

母亲来了，坐在桌旁，红色的衣服把屋子里映得亮堂堂

的。外婆和外公分别坐在她的两侧,他们认真地交谈着。

母亲声音非常低,外婆和外公都不出声。

我太激动了,也太累了,不知不觉进入了梦乡。

夜里,外婆、外公去做晚祷。

外公穿上了行会会长的制服,外婆快活地眨眨眼睛,对我母亲说:"看啊,你爸爸打扮成一只白白净净的小羊羔了!"

> 家里恢复了平静,外公和外婆的语言和动作中充满着欢乐。

母亲笑了。

屋子里只剩下了她和我,她招了招手,指了指她身边的地方说:"来,过来,你过得怎么样呢?"

谁会知道我过得怎么样啊!

"我也不知道。"

"外公经常打你吗?"

"现在不常打了!"

> 母亲关心"我"过得怎么样,但又对"我"关心的人和事似乎不感兴趣,这是为什么呢?

"是吗?好了,随便说点吧!"

我说起了"好事情",但是外公把他赶走了。母亲对这个故事似乎并不怎么感兴趣。

她问:"其他的呢?"

我又讲了三兄弟的事,还讲了上校把我轰出来的事。

她抱着我,说:"全都是些没用的……"

她好长时间不说话,眼盯着地板,摇着头。

"外公为什么生你的气?"我问她。

"我对不起他!"

"你应该把小孩带回来是吗?"

她的身子一震,咬着嘴唇,异样地看着我,然后又哈哈大笑起来："嗨，这可不是你能说的，知道吗？"

她一脸严肃地讲了很多，我听不大明白。

桌子上的蜡烛的烛光不停地跳动，长明灯的微光却连眼都不眨，而窗户上雪白的月光则随着母亲来回走着。

> 运用拟人的修辞手法，进行环境描写，说明"我"和母亲交谈的时间长。

母亲仰头望着天花板，似乎在找什么东西似的。

她问："你什么时候去睡觉？"

"再过一会儿。"

"对，你白天已睡过了。"

"你要走吗？"我问。

"去哪儿呀？"她吃惊地捧着我的脸仔细端详着。她的眼泪流了下来。

"怎么啦？"我问。

"我的脖子有点疼。"

我知道是她的心在疼，她在这个家里待不住了，她肯定是要走的。

"你长大以后肯定要跟你爸爸一样！"她说，"你外婆跟你讲过他吗？"

"讲过。"

"她非常喜欢马克辛，他也喜欢她……"

"我知道。"

母亲吹灭了蜡烛，说："这样很好。"

灯影不再摇曳了，月光清晰地印在地板上，显得有些凄凉。

"你在哪儿住？"我问。

她说了几个城市的名字。

"你的衣服是在哪儿买的?"

"我自己做的。"

和她说话太让人高兴了,遗憾的是我不问,她就不说,问了她才说。

> 为什么大家如此小心翼翼呢?

我们互相依偎着坐着,一直坐到外公和外婆回来。

他们一身的蜡香,神情肃穆,态度和蔼。

晚饭非常丰盛,但是大家小心翼翼地端坐着,不说话,仿佛怕吓着谁似的。

> 交代"我"和母亲产生矛盾的原因。

后来,母亲开始教我认字、读书、背诗,我们之间便开始产生矛盾了。

有一首诗是这样写的:

> 宽广而又笔直的大道
> 你的宽广是上帝所赋予的
> 怎奈何
> 你只有马蹄激越
> 灰尘飞起又落下

> "我"用故意念错诗的方法来表达自己内心的愤恨。

不管怎样我也发不好那些音,母亲气愤地说我无用。

我在心里念的时候一点儿错也没有,一说出口就出了错。我恨这些莫名其妙的诗句,一生气,就故意念错,把音节相似的词胡乱排列在一起。有一天,母亲让我背一下诗,我脱口而出:"路便宜犄角奶渣,马蹄水槽僧侣……"

等我知道我在说什么的时候，已经晚了。

母亲唰的一下站了起来，一字一顿地问道："你到底在念什么？"

"我不知道。"

"你一定是知道的，告诉我，这到底是什么？"

"就是这个。"

"什么叫就是这个？"

"……开玩笑……"

"快站到墙角那边去！"

"干什么？"我明知故问。

"快站到墙角那边去！"

"哪个墙角？"

她没有理我，直瞪着我，我有点发慌了，可的确没有墙角可去。

圣像下的墙角放着桌子，桌子上有些枯萎了的花草；另一个墙角放着箱子；还有一个墙角放着床；而第四个墙角是不存在的，因为门框紧挨着侧墙。

"我不知道这是怎么回事。"我小声说。

她没有作声，许久，她问："你外公让你站墙角了吗？"

"什么时候？"

她一拍桌子，喊道："平时！"

"我不记得了。"

"你知道这是一种惩罚的方式吗？"

"不知道。可为什么要惩罚我？"

她叹了口气："过来吧！"

> 母亲的语言，表现她对外公性格的了解，以及对"我"在这个家庭生活的担忧。

> 母亲此时的严格与刚回家时对"我"的态度截然不同，这让"我"不理解。

我走了过去问:"怎么啦?"

"你为什么故意把诗念成那个样子呢?"

我解释了半天,说这些诗在我心里是什么样的,可是念出口就走了样。

"你故意的吗?"

"不不,不过,或许是。"

> "我"念对了诗,不仅没有快乐,反而有些害臊,可见"我"已经有了自尊心。

我不慌不忙地把那首诗又念了一遍,一点儿也没错!

我自己都感到很吃惊,可是也下不来台了。我害臊地站在那里,泪水流了下来。

"这到底是怎么回事?"母亲大叫着。

"我也不知道……"

"你人不大,倒挺能作怪的,你走吧!"她低下了头,不再说话。

她让我背越来越多的诗,我一直试图改写这些无聊的诗句,很多的字眼儿蜂拥而至,弄得我怎么也记不住原来的诗句是什么样的了。

有一首写得凄凉的诗:

不论早晨晚上

孤儿乞丐

以基督的名义盼着赈(zhèn)济

而下一句"提着饭篮从窗前经过"我怎么也记不住,准备放弃。

母亲气愤地把这件事告诉了外公:"他这是故意的!"

"这小子记性非常好,祈祷词记得比我还牢!你狠狠地揍他一顿，他就不闹了！"

外婆也说："童话能背下来，歌也能背下来，那诗和歌、童话难道不一样吗？"

我自己也觉着十分奇怪，一念诗就有很多不相干的词跳出来。

> 大家都不理解"我"为什么记不住诗，这到底是什么原因呢？

夜里，我和外婆躺在吊床上，我把我编的诗一首首地念给她听，她偶尔哈哈大笑，但更多的时候是在责怪我。

"你呀，你全都会嘛！千万不要嘲弄乞丐，上帝保佑他们！耶稣当过乞丐，圣人全都当过乞丐……"

我嘀咕着："我不爱乞丐，我也不爱外公，这又有什么办法呢？饶了我吧，主啊！外公找我的茬，抽了我一顿又一顿……"

> 现在的"我"十分叛逆，喜欢跟别人对着干。"我"会用编诗的方式来表达"我"的感受。

"纯粹胡说八道，烂舌头！要是让你外公听见了，那可有你好瞧的！"

"那么就让他过来听吧！"

"捣蛋鬼，不要再惹你妈生气了，她已经够难受了！"外婆和蔼地说。

"她为什么难过呢？"

"不许你问，听见了没有呀？"

"我知道，因为外公对她……"

"住嘴！"

我有一种失落感，可是不知为什么，我想掩饰住这一点，于是装出满不在乎的样子，还是搞恶作剧。

母亲教我的功课越来越多了，也越来越难了。

我学算术非常快，但我不愿写字，也不懂文法。

风雨中的成长路

最让我感到不好受的是母亲在外公家的处境。

她总是满面愁容的样子，经常一个人呆呆地站在窗前。

刚回来的时候，她行动灵敏，充满了朝气，可是不久便眼圈发黑，头发蓬乱，好些天不梳不洗了。

> 运用对比，写出了母亲的变化之大，"我"很痛心，认为她不应该如此。

这些都让我感到很难受，她应该是永远年轻、永远漂亮的，比谁都好！

给我上课时，她也变得没有精神了，用特别疲倦的声音问我话，也不管我回答与否。她越来越爱生气，大吼大叫。

我问她："您和我们在一起感到不开心吗？"

她非常生气地说："你只管做你自己的事情去！"

> 表现了"我"变得敏感、懂事，为母亲担心。

我隐隐约约地觉得，外公在安排一件使外婆和母亲都十分害怕的事情。他经常到母亲的屋子里去，大嚷大叫，叹息不止。

有一次，我听见母亲在里面大吼了一声："不，这我可办不到！"

"砰"的一声，门关上了。

当时外婆正坐在桌子边上缝衣服，她听见门响，便自言自语地说："天啊，她又到房客家去了！"

> 通过动作和语言描写，表现了外公的凶残、蛮横。

外公猛地冲了进来，扑向外婆，挥手便是一巴掌，而且甩着打疼的手叫喊："臭老婆子，不该说的不准说。"

风雨中的成长路
10. 母亲归来

"老混蛋！"外婆反驳他说，"我不说别的，你的想法，凡是我知道的，我都说给她听！"

他向她扑了过去，抡起拳头没命地打外婆。

外婆躲也不躲，一个劲地喊着："打吧！打吧！打吧！"

我从炕上抓起枕头，从炉子上拿起皮靴，拼命地向外公砸去。可是他没注意我扔东西，正忙着踢跌倒在地上的外婆。

水桶把外公绊倒了，他跳起来破口大骂，最后恶狠狠地向四周看了几眼，回他的房间去了。

外婆吃力地站起来，哼哼唧唧地坐回长凳子上，慢慢地整理凌乱的头发。

我从床上跳下来，她气呼呼地说："把东西捡起来！好主意啊，会扔枕头了！记住，不关你的事。那个老鬼发一阵疯也就没事了！"

她说着说着，突然"哎哟哎哟"地叫了起来："快，快，过来看一看！"

我把头发分开，发现一根针深深地扎进了她的头皮，我使劲把它拔了出来，可是又发现了一根。

"最好去叫我妈，我很害怕！"

她摆了摆手，说："你敢！没让她看见就谢天谢地了，现在你还去叫她来看，真是混蛋！"

> 通过外婆的言行，可以感受到她宁愿自己承受痛苦，也不希望外公与母亲之间的仇恨加深。

她自己伸手去拔，我不得不又鼓起勇气，弯了的发针。

"疼不疼？"

"没事，明天洗洗澡就会好的。"她非常温和地央求我，"乖孩子，千万不要告诉

> 运用神态和语言描写，表现外婆一心维护自己的女儿，呈现出无私、坚强的母亲形象。

你妈妈,听见了没有?没有这事,他们爷俩的仇恨已够深的了。"

"好吧,我不说!"

"你可千万要说话算数!"

"来,咱们得把东西收拾好吧。"

"我的脸没破吧?"

"没破。"

"那太好了,这就神不知鬼不觉了。"

我非常感动,说:"您真像个圣人,别人让您受罪,您却什么都不在乎!"

"净说蠢话!圣人,圣人,你可真会说话!"

她絮絮叨叨地说了半天,在地上爬来爬去,用力擦着地板。

我坐在炕炉上,心里想着怎么才能替外婆报仇血恨。

外公的行为,激发了"我"的报复之心。

昏暗的屋子里,外公红着脸,拼命地拳打脚踢,金黄色的头发在空中乱飞……

我感到忍无可忍,恨自己想不出一个好办法来报复外公!

两天以后,为了什么事,我上楼去找他。

他正坐在地板上整理一个箱子里边的文件,椅子上放着他的宝贝圣像,十二张灰色的厚纸,每张纸上按照一个月的日子的多少分成方格,每一个方格里是那个日子所有的圣像。外公拿这些圣像当作宝贝,只有特别高兴时才让我看。

每次我看见这些紧紧地排列在一起的灰色小人时,总会有一种奇怪的感觉。

我对一些圣人是有所了解的:基利克、乌里德、瓦尔瓦拉、庞杰莱芒等。

我非常喜欢圣人阿列克塞悲伤味极为浓厚的传记，我还记得那些歌颂他的美妙诗篇。

每次看见诗里写到他有好几百个亲戚的时候，心中都会感到一些安慰：原来世上的受苦人，早就有这么多！

现在我要破坏掉这些圣像！

趁外公走到窗户跟前去看一张印有老鹰的蓝颜色文件时，我抓了几张圣像便飞跑下楼。

我拿起剪子毫不犹豫地剪掉了一排人头，可是又突然可惜起这些圣像来了，于是沿着分成方格的线条来剪。

就在此时，外公追了下来："是谁让你拿走我的圣像的？你到底在干什么？"

他抓起地上的纸片，贴到鼻尖上看。他的胡子不停地颤抖，呼吸加快，把一片片的纸片吹落到地上。

"看你干的好事！"他大喊着，抓住我的脚，把我腾空扔了出去。

外婆接住了我，外公打她、打我，并且狂叫："打死你们！"

> 通过外公动作、神态的细节描写，表现他生气、愤怒的样子。

母亲马上跑来了。

她挺身接住我们，推开了外公："清醒点吧！闹什么呀？"

外公躺到地板上，哀号不止："你们，你们打死我吧……"

"你就不害臊？像孩子似的！"

母亲的声音非常沉稳。

外公撒着泼，两条腿在地上乱踢，胡子可笑地翘向天，双眼紧紧地闭着。

> 外公像孩子般撒泼的样子，令人发笑。

母亲看了看那些被我剪下来的纸片，说道："我把它们贴在细布上，那样会更结实！你看，都揉坏了……"

她说话的口气，和给我上课时的口气完全一样。外公说话

风雨中的成长路

的口气，和给我上课时的口气也完全一样。

外公站了起来，一本正经地整了整衬衫，哼哼唧唧地念叨："现在就得贴！我把那几张也拿来……"

> 一本正经这个词写出了外公的做作。

他走到门口，又回过身来，冲着我说："还得打他一顿才可以！"

"真的该打！你为什么要剪？"母亲问我。

"我就是故意的！看他还敢打我外婆！不然的话连他的胡子我也剪掉！"

> 语言描写，表现了这时的"我"敢于反抗外公，不再害怕被打。

外婆正在脱撕破的上衣，责怪地看了我一眼说："你不是答应不说了吗？"

母亲说道："不说我也知道！什么时候打的？"

"瓦尔瓦拉，你怎么好意思问这个呢？"外婆生气地说。

母亲抱住她说："妈妈，您真是我的好妈妈……"

"好妈妈，好妈妈，滚开……"

她们分开了，因为外公正站在门口看着她们。

母亲刚来不久就和那个军人的妻子成了好朋友，她几乎每天晚上到她屋里去，贝德连家的漂亮小姐和军官也去。

外公对这一点很不满意："该死的东西，他们又聚到一起了！一直要闹到天亮，你就别想睡觉了。"

时间不长，他便把房客都赶走了。

他不知从哪儿运来了两车各式各样的家具，于是把门一锁，说："不需要房客，我以后要自己请客！"

果然，一到节日家里便会来许多的客人。外婆的妹妹马特辽娜·伊凡诺芙娜，是个非常吵闹的大鼻子洗衣妇，穿着带花边的

> 外貌描写，生动、形象地介绍了外婆的妹妹，写出她爱吵闹的性格特点。

绸衣服，戴着金黄色的帽子。

和她一块儿来的是她的两个儿子：华西里和维克多。

华西里是个快乐的绘图员，穿灰衣留长发，人非常和善。维克多则长得像头驴，一进门，就一边脱鞋一边唱："我的安德烈——爸爸，安德烈——爸爸……"

> 维克多的长相和他奇异的表现让"我"有些害怕。

这让我特别吃惊，而且有点怕他。

雅可夫舅舅带着吉他来了，而且还带着一个只有一只眼睛的秃顶钟表匠。

钟表匠穿着黑色的长袍子，态度温和，就像个老和尚。

他总爱坐在角落里，笑眯眯的，很古怪地歪着头，用一根手指支着他的双重下巴。

他说话特别少，总是重复地说着："不要劳驾了，啊，都一样，您……"

第一次见到他时，我想起了很久很久以前发生的一件事。

那个时候我们还没搬过来。有一天，我听见外面有人敲鼓，声音低沉，让人感到烦躁不安。

一辆又高又大的马车从街上驶过，周围全都是士兵。

一个身材不高、戴着圆毡（zhān）帽、戴着镣铐的人坐在上面，胸前还挂着一块写着白字的黑牌子。那个人低着头，就像在读黑板上的字。

> 钟表匠的外貌、穿着、举止非常古怪，"我"第一次见到他就害怕。

我恰好想到这儿时，听到母亲在向钟表匠介绍我："这是我的儿子。"

我吃惊地向后退着，想要躲开他，并且把两只手藏了起来。

风雨中的成长路

他的嘴向右可怕地歪了过去，抓住我的腰带把我拽了过去，轻快地拎着我转了一个圈，然后又放下："好，这孩子还比较结实……"

> 吃的、喝的如此丰盛，可见外婆的厨艺精湛。

我爬到角落里的皮圈椅上坐着，这个椅子非常大，外公常说它是格鲁吉亚王公的宝座。

我爬了上去，看大人们怎么开始无聊地欢闹，那个钟表匠的面孔又是怎么古怪且可疑地变化着。他脸上的鼻子、耳朵、嘴巴，就像能随时变换位置似的，包括他的舌头，偶尔也伸出来画个圈，舔舔他的厚嘴唇，显得非常灵活。

我感到非常害怕。他们喝着掺上甜酒的茶，喝外婆酿的各种颜色的果子酒，还喝酸牛奶，吃带奶油的蜜糖饼……

大家吃饱喝足后，一个个脸色通红，挺着肚子懒洋洋地靠在椅子上，请雅可夫舅舅来个曲子。

雅可夫舅舅低下了头，调了调弦，开始边弹边唱，歌词让人很不愉快：

"哎，痛痛快快走一段，
弄得满城风雨，
赶快把这全部，
告诉喀山的小姐……"

外婆说："雅可夫，弹个其他的曲子吧。"

又问她妹妹："马特辽娜，还记得从前唱的歌吗？"

洗衣妇整了整衣裳，非常神气十足地说："我的太太，现在不时兴了……"

舅舅眯着眼看着外婆，好像外婆在非常遥远的天边。他还在唱那首令人生厌的老歌。

外公小声地跟钟表匠谈着什么，比画着，钟表匠抬头看看母亲，点了点头，脸上的表情变幻莫测。

> 钟表匠脸上变幻莫测的神情，引发人的各种猜测，外公和钟表匠到底谈了什么呢？

母亲正和华西里说着什么话，华西里吸了口气说："是啊，这事需要认真对待……"

维克多满脸兴奋，在地板上不停地搓脚，突然开口唱了起来："我的安德烈——爸爸，安德烈——爸爸……"

大家吃惊地看着他，一下子安静了下来。

洗衣妇赶紧说明："这是他从戏院里学来的……"

这种无聊的晚会搞过几次以后，在一个星期日的下午，刚刚做完第二次午祷，钟表匠突然来了。

我和母亲正在屋子里修补衣服，突然门开了一条缝，外公说："瓦尔瓦拉，换换衣服，我们走！"

母亲没有抬头："干什么？"

"上帝保佑，他人非常好，在他那一行他是个十分能干的人，阿廖沙会有一个好父亲的……"

> 外公的话交代了前文他和钟表匠交谈的内容，原来外公想把母亲嫁给钟表匠。

外公说话时，一直不停地用手掌拍着肋骨。

母亲一动不动地说："这办不到！"

外公伸出两只手，就像个瞎子似的弯着腰说道："不去也得去，否则我拉着你的辫子走……"

母亲脸色发白，唰的一下站了起来，三下两下脱掉了外衣和裙子，径直走到外公面前："我们走吧！"

外公大喊:"瓦尔瓦拉,快穿上衣服!"

母亲撞开他,说道:"走吧!"

"我诅咒你!"外公无可奈何地喊着。

"我什么都不怕!"她迈步出门。

外公在后面拉着她哀求着:"瓦尔瓦拉,你这可是要毁掉你自己啊……"

> 母亲的行为,表现她不愿嫁给钟表匠,坚决反抗外公的决定。

他又对外婆说:"老婆子,老婆子……"

外婆拦住了母亲,把她推回到屋里来:"瓦尔瓦拉,傻丫头。不害羞!"

进了屋,外婆指着外公说:"唉!你这个不懂事理的老头子!"

然后他又回过头向母亲大叫:"还不赶快穿上衣服!"

母亲拾起了地板上的衣服,说:"我不去,听见了吗?"

外婆把我从炕上抱下来说:"快去舀点水来!"

我跑了出去,听到母亲大喊:"明天我就走!"

我跑进厨房,坐在窗户边上,感觉好像在做一场梦。一阵吵闹之后,外面静了下来。

我发了会儿呆,我突然想起我是来舀水的。

我端着水回来时,恰好碰见那个钟表匠往外走,他低着头,用手扶着皮帽。

> 外婆很诚恳地劝告钟表匠,也是她尊重自己女儿的表现。

外婆两手贴在肚子上,对着他的背影鞠着躬:"这您也很清楚,爱情是不能勉强的……"

他在台阶上绊了一下,一个趔趄便跳到了院子里。

外婆赶快画了一个十字,不知她是在默默地哭,还是在偷偷地笑。

"到底发生什么啦?"我跑了过去问。

她一回头,一把把水夺过去,大声呵斥道:"你跑什么地方去舀水了?关门去!"

我又回到了厨房。我听见外婆和母亲嘀嘀咕咕地说了很长时间的话。

这是冬天里一个非常晴朗的日子,阳光斜着射进屋来,正好照在桌子上,盛着格瓦斯酒和伏特加的两个长颈瓶,发出暗绿的光。外面的雪亮得刺眼。

> 原来快乐的日子,"我"因为母亲的事情而变得心情灰暗。

我的小鸟在笼子里嬉戏,黄雀、灰雀、金翅雀在唱歌,但是家里没有一点欢乐的气氛,我把鸟笼拿下来,想把小鸟都给放了。

外婆跑进来,边走边骂道:"该死的家伙,马特辽娜,老混蛋……"

她从炕炉里掏出一个烧焦了的包子,恶狠狠地说着:"好啊,都已经烤焦了,魔鬼们……为什么像猫头鹰似的睁大眼睛看着我?你们这一群混蛋!我真想把你们全都撕烂……"

她痛哭起来,泪水滴在那个已经烤焦了的包子上面。

> 一向乐观、隐忍的外婆此时却痛哭起来,表现她的心情极度苦闷,无处发泄。

外公和母亲来到厨房里。

外婆把包子往桌子上一扔,把碟子、碗震得跳了起来。

"看吧,都是因为你们,让你们倒一辈子霉!"

母亲走上前抱住了她,微笑地劝说着。

外公疲惫地坐在桌子边上,把餐巾围在脖子上,眯着浮肿的眼睛,唠叨着:"好啦,好啦!没什么大不了的,又不是没

吃过好包子。上帝是吝啬，他用几分钟的时间就算清了几年的账……可他不承认什么利息！你坐下，瓦尔瓦拉……"

外公就像个疯子似的不停地嘀咕，在吃饭的时候总是要讲到上帝，讲不信神的阿哈夫。

外婆气呼呼地打断了他："行啦，吃你的饭吧！听见了吗？"

母亲眼睛闪着亮光，微笑着问我："怎么样，刚才把你吓坏了吧？"

没有，刚才我不怕，现在倒觉得有些不舒服。他们吃饭的时间特别长，他们吃得特别多，好像他们与刚才那些互相吵闹、号啕不止的人没有关系似的。他们所有激烈的言词和动作，再也不能打动我了。

> 点明了当时俄国人的生活态度，无力改变贫困的现状，逐渐变得麻木。

很多年之后，我逐渐明白，因为生活的贫困，俄国人似乎都喜欢与忧伤做伴，又随时力求遗忘。

漫漫的日月中，忧伤就是节日，火灾就是狂欢，在一无所有的面孔上，伤痕也变成了点缀……

乐行乐思

母亲回来后，外公和母亲之间经历了多次争吵，试着梳理他们争吵的原因，以及"我"的心理活动。

11. 我的父亲

自那以后,母亲变得越发坚强起来,理直气壮在家里踱来踱去。而外公好像萎靡了,成天心事重重,不言不语,与平常大不一样。

> 通过对比,写出了母亲和外祖父在家中的状态发生了变化。

他几乎不再出门了,总是一个人待在楼上读书。他读的是一本神秘的书《我父亲的笔记》。

这本书放在一个上了锁的箱子里,每次取出来以前,外公都要先洗洗手。这本书非常厚,封面是棕黄色的,扉页上有一行花体题词:

献给尊敬的华西里·卡什林,衷心地感谢您

下面的签名字体特别奇怪,最后一个字母就像一只飞鸟。外公非常小心地把书打开,戴上眼镜,看着题词。

我问过他好几次:"这是什么书呢?"

他总是十分严肃地说道:"你不需要知道!等我死了以后,会把它赠给你的,还有我的貂绒皮衣。"

他和母亲说话时,态度变得温和多了,话也少了。

> 外公对母亲的态度发生了巨大的转变,更加尊重母亲的想法。

他总是专注地听完她说的话,然后一挥手,说:"好吧,你爱怎么着就怎么着吧……"

外公把一个箱子搬到了母亲屋子里，把里面各式各样的衣服和首饰全都摆到桌椅上，有挑花的裙子、缎子背心、绸子长衫、头饰、宝石、项链……

外公说："我们年轻的时候，好衣服多了！非常阔！唉，但是好时候一去不返了！来，你穿上试一试吧……"

> 对话描写，表现母亲与外公的关系缓和了。

母亲拿了几件衣服去了另一个房间，回来时穿上了一件青色的袍子，戴着珍珠小帽，对着外公鞠了个躬，问："这样好看吗，爸爸？"

不知怎么回事，外公精神似乎为之一振，张着手臂绕着她转了个圈，做梦似的说："啊，瓦尔瓦拉，倘若你有了大钱，如果在你身边的都是些好人……"

母亲现在住在前屋，时常有客人出入，常来的人中有马克西莫夫兄弟。

一个叫彼德，是个身材高大的军官，那次我吐了老贵族一口而挨揍时，他就在场。

另一个叫耶甫盖尼，个子也长得很高，眼睛非常大，像两个大李子。他习惯的动作是甩一甩长发，面带微笑地用低沉的声音讲话。

他的开场白永远是："您知道我的观点……"

母亲总是冷笑着打断了他的话："你还只是个小孩子呀，耶甫盖尼……"

> 母亲按照自己喜欢的方式生活，但在热闹的背后隐藏着无力与不安。

军官拍着自己的膝盖争论："我可不是小孩子了……"

圣诞节过得特别热闹，母亲那里一天到晚高朋满座，他们都穿着非常华丽的服装。

母亲也打扮了起来，时常和客人们一起出去。

她一走，家里立刻安静下来，有一种令人不安的寂寞的感觉。

外婆在各个屋子里转来转去，不停地收拾东西。

外公靠着炉子，自言自语地说："好啊，好……咱们看看吧，咱们走着瞧吧……"

圣诞节之后，母亲送我和米哈伊尔舅舅的萨沙进了学校。

舅舅又结了婚，继母把萨沙赶出了家门。

在外婆的坚持下，外公不得不让他进了我们这个家。

上学好像很无聊，第一个月，老师只教了两条：

第一条，别人问你姓什么，你不能回答："彼什柯夫！"而要说："我姓彼什柯夫！"第二条，不能对老师说："小于，我可不害怕你……"

> 我们为什么感觉学校生活很烦、很无聊呢？

我们都烦透了。

有一天，刚走到半路，萨沙细心地把书包埋进了雪里，到别处玩去了。我还是坚持一个人走到了学校，我不想惹我的母亲生气。

三天后，萨沙逃学的事被家里知道了。

外公审讯他说："为什么逃学？"

萨沙不慌不忙地回答："忘记学校在哪儿了！"

"啊，忘了学校在哪儿？"

"是的，我找了半天……"

"那么你跟着阿廖沙走啊！"

"我把他给丢了。"

> 对话描写，表现了萨沙逃学的理由很奇怪，可见他对上学非常不感兴趣。

"什么，把他丢了？"

"是的。"

"怎么丢的？"

萨沙顿了顿，说道："有大风雪，什么也看不清楚。"

大家都笑了，萨沙也小心地跟着笑了起来。

外公嘲讽地问："那你怎么不拉着他的手？"

"我是拉着的，可被风给吹开了！"

在劫难逃，我们俩都挨了一顿揍，外公又给我们雇了一个专门护送上学的小老头。

可是这也没用，第二天，走到半路，萨沙突然把鞋脱掉，把其中一只扔向远方，然后穿着袜子跑了。

小老头大喊一声，忙着去捡鞋，然后无奈地领着我回家了。

全家人一起出动，到晚上才在一个酒馆里找到了跳舞跳得正欢的萨沙。

全家人都保持沉默，没人打他。

他悄悄地对我说："父亲、后妈、外公，没有人心疼我，跟他们在一起实在没法活下去了！我找奶奶问问强盗在哪里，咱们投奔他们去吧，你说怎么样？"

> 萨沙的语言，表现他因没有获得亲人的爱而变得叛逆。

我不想和他一起去当强盗，我那时的理想是做一个留着浅色大胡子的军官，然而这个理想的实现，需要我现在规规矩矩地去上学。

萨沙说："也好，将来，你是军官，我是强盗头子，咱们俩就得打起来，谁胜谁负还没个准呢，但我是绝不会杀死你的！"

我们就这么说定了。

外婆进来，看了看我们说道："唉，怎么样啊？我的小可怜们，一对碎砖烂瓦！"

然后，她开始大骂萨沙的后妈，又顺便讲了个故事：

聪明的隐士约那年轻的时候和他的继母产生了矛盾，请求神来审理他们的官司。

约那的父亲是乌格里奇人，白湖上的渔夫，继母要杀害她的丈夫，于是不停灌酒。

昏睡的傻丈夫呀，被扔进了木船。妻子拿起了桨，划到了湖中央。

漆黑的深夜里，她干着伤天害理的事。用力按下船帮，小船便翻了个底朝天。

> 在外婆的故事里，后妈都是恶毒的，这也让"我"产生了刻板的印象。

丈夫沉入了水底，妻子匆忙地游了回来，疲惫地躺在岸边。她又是哀号又是哭泣，装出一副哀伤到极点的模样。

善良的人们都信任了她，和她一起悲伤，还劝慰她："唉，可怜的寡妇！不幸为什么降临在你的头上？命运是上帝的安排，死亡也是命定的，是不可更改的。"

只有约那不相信继母的眼泪。

他把手轻轻放在继母的心口，平静地说道："啊，我的星，我的后娘，卑鄙的黑乌鸦呀，眼泪可骗不了聪明的我。你的心因快乐而在猛烈地跳动！这事由上帝来裁决，由神灵来惩处吧。谁愿拿出钢刀，投向圣洁的天空，如果真理属于我，钢刀便杀死你，如果真理属于你，钢刀便落在我身上！"

> 在外婆的心里，上帝非常公正，他会惩罚做坏事的人。

后母怒目相视，射出恶毒的目光，挺起了身，她大声地呵斥约那："你这畜生，你这不足月的小东西，怎么会有这种恶毒的想法？"

大家听着，感觉其中必有文章。所有人都暗自思量，交头接耳地商量着。

最后，一个老渔夫走出了人群，鞠了个躬，宣布了大家的决定："请把钢刀放在我的右手上，我将抛刀上天，它一定会落在某个人的身上！"

他把手中的钢刀抛向了天空！

可是左等右等，钢刀始终没有落下。

大家一声不吭，脱帽遥望着夜空。

外婆用故事来安慰萨沙，希望能安抚他的心。

直到太阳冉冉升起，还是不见那刀光！

继母冷冷地笑了起来，钢刀突然直直地刺下，穿透了她的心脏！

善良的人们全都跪了下来，感谢睿智的上帝：

"伟大的主啊，感谢你主持公道！"

老渔夫拉起了约那的手，带着他去了远方。

远方的修道院坐落在凯尔仁查河畔，紧挨着看不见的基杰查城……

早晨醒来时，我发现自己身上全是红点，我出天花了。

大人把我绑在阁楼上，我做了很多稀奇古怪的梦，其中一个噩梦差点要了我的命。

外婆来喂我吃饭时，就像喂小孩似的，一边喂，一边给我讲新的童话故事。

我就快好的时候，他们就不再捆绑我了，我只有手上还缠着绷带，防止我忍不住抓伤脸。

有天晚上，外婆比平时来得要晚，这使我感觉有点奇怪。

我发现她仰面躺在台阶上，脖子上还流着血，有一只绿眼

风雨中的成长路
11. 我的父亲

睛的猫正一步步向她逼近。

我推开窗户跳了下去，摔在雪地上，很长时间没有人发现我。我的两条腿失去了知觉，以致在床上足足躺了三个月。

> 外婆为什么会受伤？

若干个风雪之夜，忧郁的风声吹得烟囱呜呜作响，乌鸦长鸣，夜半狼嚎，在这种声音的伴奏下，我的身心都在成长。

> 环境描写，衬托我经历痛苦和挫折后身心都在成长。

羞涩的春天，终于小心翼翼地从窗外来到了我的身边。猫开始歌唱，冰柱断裂，雪融成了水，嘀嗒有声，马车铃声也比冬天多了。

外婆常常来看我，但她身上的酒味越来越重，再到后来她甚至带了一只大白壶来，并将它藏到我的床底下。

"亲爱的，别告诉那个老家伙，哦，我是指你外公！"

"您，为什么喝酒？"

"这个你不用多问，长大了你就会懂了……"

她吸了一口酒，甜蜜地说："噢，我的小宝贝，昨天咱们讲什么来着？哦，让我想想，讲到什么地方了？"

关于我的父亲，是外婆主动讲起的。

那一天，她并没有喝酒，一脸疲惫地说："我梦见了你的父亲，看见他走在旷野里，吹着口哨，手拿一根核桃木的棍子，后面还跟着一只花狗……不知道为什么，我总梦见他，也许他的灵魂还在四处漂泊……"

> 语言描写，表现外婆对我父亲的怀念。

她讲了好几个晚上关于父亲的故事。

我爷爷是个军官，因为虐待部下而被流放到西伯利亚。我的父亲就是在西伯利亚出生的，从小就过着苦日子，经常从家里跑出来，爷爷抓住他，经常揍他……

171

"小孩总要挨打吗？"我很迷惑。

"当然了。"

> 父亲的身世很悲惨，但他很励志！

我奶奶死得很早，在父亲刚满九岁时，爷爷也跟着去了，父亲从此开始了流浪，在市场上给瞎子带路，十六岁那年到了尼日尼，二十岁时成了一个好木匠。

他做工的作坊在柯瓦里赫，正好与外公的房子紧挨着。

"围墙不高，人又胆大。"外婆笑着说，"有一回，我和瓦尔瓦拉在花园里采红莓，你父亲从墙外跳了进来，他是来向你的母亲求婚的！"

"我问：'年轻人，你为什么跳墙？'"

"他跪下说道：'阿库琳娜·伊凡诺芙娜，现在我的身体与灵魂都在您面前，瓦尔瓦拉也在这儿，请帮帮我们吧，我们要结婚！'"

"我顿时惊呆了。回头一看你母亲，脸涨得通红，躲到了苹果树后面，正在给他打手势呢！"

"我说：'好啊，你们倒想得好！瓦尔瓦拉，你疯了？年轻人，难道你认为你配摘这朵花吗？'"

"那时候，你外公还是个阔佬，他的声名显赫，儿子们没有分家，所以颇为骄傲。"

"你父亲说：'我知道她父亲不会那么痛快地答应把瓦尔瓦拉嫁给我的，因此，我要偷偷地娶她，现在就求你帮助了！'"

"我给了他一巴掌，他却闪都不闪，说：'就算您用石头砸，我也要求您帮忙！'"

"这个时候，瓦尔瓦拉走了过来，把手搭在他的肩膀上，说：'我们早在5月就结婚了，我们现在只是补一个婚礼而已。'我的老天爷,我一听,几乎晕了过去!"

外婆笑了起来,然后又吸了点鼻烟,擦了擦情不自禁流出的眼泪,叹了口气接着说:"你虽然不知道什么是结婚,什么是婚礼,但你可一定要明白,一个姑娘在没举行婚礼前就怀上了孩子可是一件骇人听闻的事!你长大了,可千万不要造这种孽啊!你要善待女人,要可怜女人,要真心实意地爱她们,不要只图一时的快乐,这是我的心里话!"

外婆教育"我"长大后要善待女儿,做个善良、有责任心的人。

她在椅子上陷入了沉思,突然猛地一震,又接着讲了起来:

"没办法,我问他:'你有钱吗?'他说:'有,我还给瓦尔瓦拉买了戒指。我有一百卢布!'"

"你母亲说:'我把戒指藏在了地板下面,你可以把它拿出来卖掉!'"

"两个傻孩子啊!我们最后商定,再过一星期就举行婚礼。"

"我心惊胆战的,就怕你外公知道了。但真正坏事的是你外公的一个仇人,那家伙暗中监视,早把一切都弄清楚了。"

语言描写,表现了外婆的担心。

"婚礼那天,这个家伙威胁说:'给我五十卢布,我就当什么事都不知道,你们也万事大吉!'"

"我当时气坏了,告诉他我没有钱,他一转身就向你外公告发了!"

她闭上眼睛微笑着说:

"你外公当时就像一头发了疯的牛!他以前可是常说要把

瓦尔瓦拉嫁给贵族，嫁给老爷的！"

"他把你两个舅舅叫了出来，带上火枪，纵马去追！

"就在这千钧一发之际，瓦尔瓦拉的守护神及时提醒了我，我拿来一把刀，把车辕的皮带割开了一个口子。在路上，一场意外的车祸，差点把他们送去见了上帝！

"等他们赶到教堂时，婚礼已结束，瓦尔瓦拉和马克辛站在教堂门口。上帝万岁！

"他们一拥而上要揍马克辛，可是马克辛力大无比，把米哈伊尔扔出去好远，摔断了胳膊，别人就都不敢再动了。他说：'扔掉你们手中的家伙吧，我可是个老实人，所有一切都是上帝赐予我的，任何人都别想从我手里将它们夺走！我也不会多要我分外的任何一点东西！'

> 外公愤怒地与女儿断绝了关系，但外婆认为亲情能融化怨恨。

"你外公临走时说：'瓦尔瓦拉，永别了，你不是我的女儿，我再也不愿见到你！'

"回家以后，他不停地打我，我一句话也不说，反正生米已经煮成熟饭了！他也没办法了，只叫我不许再认女儿，我想，怨恨是冰，见热就会化的！"

这和外公讲的出入非常大，他说母亲的婚礼是公开的，他也参加了。究竟哪个更真实，我不想追究，只觉得外婆讲得很美，更让我喜欢。

> 动作和神态描写，表现外婆讲故事很投入，她的宽容和善良深深影响了"我"。

她讲故事时，身子晃来晃去，就像坐在船上。讲到什么可悲或者可怕的事时，她会伸出一只手，好像要在空中挡住什么东西一样。她对一切都能容忍的善良，深深地打动了我。

"开始我还不知道他们住在哪儿，后来有人偷偷地给我送来了信。我去看他们时，他们住在一个大杂院里，就像一对快乐的小猫！

"我给他们带了茶、糖、杂粮、果酱、面粉、干蘑菇和钱，钱是从你外公那儿偷来的。我总觉得如果不是为了自己，偷是可以的！

"开始他们坚持不要，我数落了他们一顿：'一对大傻瓜，我是什么人呀？亲娘、丈母娘！亲娘在地上受气，圣母就在天上痛哭。'

"这次他们接受了。那天是圣日，就是大斋祭的最后一个礼拜日。你父亲站在你外公的对面，比他高一头，他说：'看在上帝的份上，不要认为我是来向您要嫁妆的，在这里，我郑重地告诉您，我是来向我妻子的父亲请安的。'

"老头子非常高兴，执意要他们搬回来住，他们就搬到了花园里的一间小屋里，你就是在那儿出生的！

> 外公的表现照应了前文外婆说的话，"怨恨是冰，见热就会化的"。

"唉，我特别喜欢你父亲，他也很爱我，有时候他抱起我来满屋子转，说：'您是我的亲生母亲，我爱您胜过爱瓦尔瓦拉！'

"瓦尔瓦拉可不干了，追打嬉闹了起来……

"你的两个舅舅却不喜欢他，他也不喜欢他们。他报复他们的方式非常特别。那是一个特别冷的冬天，旷野里的狼向城里跑，吃人、吃牲口，闹得人心惶惶的！你父亲每天夜里都会拿着枪出去，每次都拖回一两只狼。剥了狼皮，安上玻璃眼珠，跟活狼一样！

> 父亲运用假狼来吓两个舅舅的行为既机智，又有些过分。

"有一天，米哈伊尔半夜上厕所，突然

吓得屁滚尿流地跑回来了，裤子也掉了，还摔了一跤，不断地念叨：'狼！狼！'

"大家都冲了出去，果然看见一只狼，紧接着一阵乱打乱射，可是那只狼一点儿也不躲闪！所有人仔细一看，原来是只假狼！

"当时你外公可恼透了马克辛！你的两个舅舅于是制订了一个恶毒的复仇计划。那是刚入冬的一天，他们拉着马克辛去滑冰，一下子便把他推进了冰窟窿里……"

"舅舅们为什么这么狠心？"

> 表现了舅舅们的凶残，他们想致父亲于死地。

"他们不仅狠心，还愚蠢！他们把马克辛推进冰窟窿，又砸又踩，但是没持续多长时间，就走了。如果时间拖长点，你的父亲就死定了。

> 父亲的行为与舅舅们的行为形成了对比，衬托了父亲的善良。

"你父亲爬了出来，被警察发现，送回了家。你父亲说是自己喝醉酒掉了进去，警察不信，说你父亲身上一点酒味也没有！还好，那位警察是个好先生，警告我们看好米哈伊尔和雅可夫就走了。

"到最后，只剩下我们三个人的时候，马克辛哭了，我也哭了，你母亲却坐在那儿发呆……

"你父亲病了两个多月，病好后他们就走了，去了阿斯特拉罕，你父亲承造了凯旋门，准备迎接皇帝。

"他们上轮船的时候，我就像是在和自己的灵魂做最后的告别……

"好了，我已经讲完了……"

她又喝了一口酒，若有所思地抬头望着灰蓝色的天空："你的父亲虽然不是我生的，可是我们的心是相通的！"

她正在讲故事，外公进来了，东闻西嗅，看看这儿，看看那儿，然后说道："胡说，那是一派胡言……"

然后，死盯住我，突然问："阿廖沙，你刚才喝酒了吗？"

"没喝。"

"胡说，你在撒谎！"

他犹豫了一下，走掉了，外婆向我挤了挤眼，笑了。

又有一次，他站在屋子中间，突然说道："老婆子。"

"什么？"

"怎么就到了这个地步？"

"谁知道。"

"你又怎么看呢？"

"这是命里注定。"

"也许吧。"

外公走了。

"怎么回事呀？你们在说什么？"我很好奇。

> 外婆神秘的表情，以及她和外公的对话，引发了"我"的好奇心。他们到底说的是什么呢？

"噢，你这个小精灵，从小就爱问为什么，老了可没的问了……"她哈哈大笑起来，"你外公想要发财，可他在上帝眼里只是一粒灰尘，如今他完了，朝他借钱的那个老爷破产了！"

她笑着笑着，突然沉思了起来。

"您在想什么呀？"

"我很想给你讲个故事，讲讲叶甫斯齐格涅，好吗？

> 外婆前后神态的反差，暗示了她的心理变化。

"有个书记官叫叶甫斯齐格涅，自认为聪明，天下第一，神甫和贵族都不如他。

"他走起路来昂着头，傲视天下！喜欢教训左邻右舍，讽刺每一个他遇见的人。看看教堂，他嫌太矮！瞧瞧街道，他嫌太窄！他觉得苹果不够红！

"你向他请教问题，他总是说：'这事我早就明白，只不过

没工夫搭理你而已。'

"一群小鬼来抓他：'书记官，书记官，和我们一道去地狱吧，那儿太舒服啦！'

"聪明的书记官还没来得及戴帽子，小鬼便拎起了他，一边走一边胳肢他，把他推到地狱的火炉上，问：'怎么样，火旺不旺？'

"他双手叉腰，四下张望了一番，撇了撇嘴说：'你们地狱里的煤气味太大！'"

她讲完了故事，顿了一下，说："这个叶甫斯齐格涅和咱们家的老头子一个样，都是个顽固地死守着老规矩的大傻瓜……"

> 外婆借故事表达她对外公的不满。

我心中总有一种疑惑，一种说不清将会发生什么的预感，这使我对外婆的故事和童话的兴趣大减，我总是心不在焉的。

"为什么说父亲的灵魂得不到安宁？"

"这就是上帝的事了，凡人无从知晓。"

这种回答无法让我满意。

> 父亲的形象在"我"心目中很模糊，但他都是凄惨故事的主人公，表现"我"对父亲的思念与心疼。

夜里，我仰望天空，心中涌现出好多让我难过的凄惨故事，故事的主人公都是我父亲，他一个人拄着棍子往前走，后面跟着一只长毛狗……

读完这个章节，你知道"我"的父亲为什么被舅舅们憎恨了吗？

12. 走向人间

一天，当我醒来时，十分欣喜地发现两条腿也跟着苏醒了！

我高兴地大叫起来，一下子把全身重量都压在了腿上，顿时瘫倒在地上。

我奋力向门口爬去，记不清是怎么来到母亲房间的了。

我坐在外婆的腿上，几个陌生人在说话。

一个干瘦的穿绿衣服的老太婆说："包上头，灌红莓汤……"

这个老太婆穿着绿衣服，戴着绿帽子，脸上一颗黑痣中间的一根毛也是绿色的。她死死地盯着我看。

> 外貌描写，从"死死地盯着我看"，感受到一种不怀好意。

"她是谁呀？"我问道。

"你奶奶……"外公不高兴地回答。

母亲又指了指耶甫盖尼·马克西莫夫，说："这就是你的父亲……"

马克西莫夫笑了一下，弯下腰来说："我送你画画的颜料，好不好？"

我本来期待着母亲再说点别的什么的，可被外公给打断了。

真讨厌。

他们坐上了敞篷马车，马车的什么地方挂住了母亲的长衫的下摆，她拉了几下，也没能拉开。

"你去帮你母亲一把！"外公命令我。

我没有动,我太难过了。

绿色老太婆和她的大儿子坐在另一辆车上,她那个儿子用军刀把顶着胡子,打着呵欠。

"啊,您真的要去打仗吗?"外公问他。

"当然去!"

"那好,土耳其人的确该抽……"

他们就这样走了。

> 分别时的场面描写,让人伤感。

母亲好几次回过头来,挥着手绢,外婆扶着她痛哭,这时外公的泪也流了下来,哽咽地说道:"不,不会有,什么,好结果的……"

我看着马车拐了弯,心中的天窗就像被人强行关上了一样,十分难受。

街道上一个人影都没有,荒凉、寂寞。

> 用街道荒凉、寂寞,烘托"我"内心的悲伤和孤独。

"走吧,我们去喝早茶,"外公拉着我说,"你命里注定和我在一起啊!"

我们在花园里忙了一整天,整地,修整篱笆,把红莓绑起来,碾死青虫,而且还把一个装着鸟的鸟笼装在了里面。

"非常好,从现在开始你要学着自己安排一切!"外公说。

我特别喜欢他的这句话。

秋天,外公把房子卖了。

卖房前的一个早晨,他阴沉着脸宣布:"老婆子,我养活过你,可是现在养够了!现在你可以自己去挣饭吃了!"

> 用"不慌不忙"这个词看出外婆从容面对生活的变故,具有一种坚韧的精神。

外婆不慌不忙地吸了吸鼻烟说:"那好吧。"

外公租了两间黑暗、窄小的地下室。

外婆把一只草鞋扔进了炉子里,蹲下身去,开始呼唤家神:"家神,家神,您是一家之主,送给您一个雪橇,请您坐上它,和我们一起到新家去吧,保佑我们找到新的幸福……"

外公看见了,大喊:"你敢!异教徒,你有什么资格请他去?……"

"作孽啊,小心报应!"外婆这时也急了。

外公把家里的东西全都卖给了收破烂的鞑靼人,他们拼命地讲着价钱,相互咒骂着。

想象外公拼命讲价钱的样子,让人很痛心,之后的生活更加艰辛。

外婆看着,一会儿哭一会儿笑,嘴里不停地念叨着:"都拉走吧,全都拉走吧……"

花园也完了,我想哭却哭不出来。

我坐在搬家的车上,车晃得厉害。

妈妈和继父回来了,她好像第一次看见她的父亲、母亲和儿子似的。

"天啊,你都长这么高了!"

母亲用滚烫的手抚摸着我的腮帮子,她的肚子难看地挺着。

从"难看"一词,可以感受到"我"对母亲怀孕的反感。

继父伸出手来,对我说:"你这里的空气特别潮湿!"

他们俩都显得很疲惫,迫切地需要躺下休息。

大家默默地坐着,外面下着雨。

外公喝了一口茶,说道:"这么说,全都烧光了?"

"我们俩能逃出来已经是不幸中的万幸了,这可真得感谢老天爷。"

"噢，水火无情嘛……"

母亲疲惫地把头靠在外婆身上，低声地说着什么。

"但是，"外公突然提高了嗓门，"我也听到了风声，其实根本就没有闹什么火灾，是你赌博输光了……"

> 外公的语言揭穿了继父的谎言，交代了他落魄的真正原因。

死一般的寂静，茶炊的沸腾声和雨落在窗户上的敲打声显得特别大。

"爸爸……"母亲叫了一声。

"行啦，我给你说过，三十岁的女人嫁一个二十岁的男人，是绝对行不通的！现在好啦，你看看怎么样？"

后来他们全都放开了嗓门，大吵了起来。继父声音最大、最可怕。

我给吓坏了，赶紧跑了出去。

再后来，母亲把我送进了学校。

上学时，我穿的是母亲的皮鞋，大衣是用外婆的外套改的，这一切尴尬的打扮不时地引起同学们的嘲笑。

> "我"滑稽的打扮，说明了家里的贫困，引起了同学们的嘲笑。

但我和同学们很快就融洽了，可就是无法让老师喜欢我。

老师是个秃子，鼻子里老是流血，他用棉花塞住鼻孔，还不时地拔出来检查检查。

他有一双极其令人厌恶的灰色的眼睛，没事便盯着我，害得我不停地抹脸。

他好像只注意我一个人似的："彼什柯夫，啊，你，你为什么老动呢！脚，从你鞋里又流出一摊水来！"

我狠狠地报复了他一次，我把西瓜放在门上，他进来时，一下子扣到了他的秃头上。

我为此挨了顿揍。

还有一次，我把鼻烟撒到他的抽屉里，他打开抽屉时，立刻不停地打起喷嚏来。

他的女婿来代课。他是个军官，命令大家齐唱：

"上帝，保佑沙皇！噢，自由啊，自由！"

倘若谁唱得不对，他就用尺子敲谁的脑袋瓜，敲得很响，并不疼，却让人忍不住想笑。

学校的神甫也不喜欢我，因为我没有《使徒传》，还因为我常跟他学舌，取笑他。

"彼什柯夫，你把书带来了吗？"

"没有。"

"好了，回去吧！我可不愿意教你这样的学生，你说对吗？"

我漫无目的地走到村子里，东张西望地玩到放学为止。

就这样，尽管我的学习成绩还不错，可学校还是通知我退学。我泄了气，一场灾难就要来临了，因为母亲的脾气越来越不好了，总打我。

> 因生活所迫，"我"和母亲之间的关系越来越糟糕。

幸运的是，这个时候来了一个救星，他就是驼背的赫里山夫主教。

他在桌子后面坐下，说："孩子们，咱们好好谈谈吧！"

教室里瞬时充满了欢乐。

叫了几个人之后，他叫到了我。

"小朋友，你多大了？长得这么高了！你在下雨天也从不打伞吗？"

他一只手摸着稀疏的胡子，用慈祥的目光看着我，又说："好吧，你给我讲讲《圣

> 赫里山夫主教非常尊重我们,他平等的谈话方式让"我"很欣喜。

经》中你最喜欢的故事，好吗？"

"我没有书，也没学过《圣经》。"

"那可不行啊，《圣经》是非学不可的！你听说过里面的故事吗？会唱圣歌吗？"

我念了几句祷词，让他很是惊喜。

"太棒了！还会念祷词！啊，《使徒传》也会！看来你听过的故事还真不少，真是个不错的孩子！"

我们的神甫赶来了，他要介绍一下我，主教一扬手说："好，现在你给我讲讲敬神的阿列克塞……"

主教热情、亲切，"我"感受到他对"我"的真诚和尊重。

我忘了某一句诗，稍一停顿，他便立刻打断了我："啊，你还会什么？会讲大卫王的故事吗？我特别想听！"

我看出他不是虚伪地应付，他的确在听，认真地在听。

"你学过圣歌？是谁教的？慈爱的外祖父？……啊，凶狠的？是真的？你很淘气，是吧？"

我犹豫了一下，还是回答说："是。"

"那么你为什么淘气呢？"

"我觉得上学非常无聊。"

"什么？无聊？不对吧，如果你觉得无聊，你的学习成绩不会这么好的。这说明一定有其他的原因。"

他从怀里掏出了一本小书，在上面题了字，说："小朋友，从现在开始你要学会忍耐，不能太淘气！有那么一点点淘气是可以的，可是太淘气了就会让人烦的，别人就不会再喜欢你了。对吧，小朋友们？"

"对。"大家一齐回答。

"你们不是非常淘气，对吧？"

"不太淘气，不太淘气！"

大家一边笑，一边回答着。

主教往椅子上一靠："真是奇怪，我在你们这么大的时候，其实也非常淘气，也是个淘气鬼！这是怎么回事呢，小朋友们？"

> 从孩子们的表现可以看出，主教轻松的上课方式赢得了大家的喜爱。

大家全都笑了，神甫也跟着笑了。赫里山夫主教很快就和大家融成了一片。

最后，他站了起来："好了，淘气鬼们，现在我该走了！"

他画了个十字，祝福道："以圣父、圣子及圣神之名，祝愿你们都有一个美好的未来！再见！"

大家纷纷地喊道："再见，大主教，一定再来呀！"

他愉快地点了点头："一定，我还要给你们带些书来，你们一定会很喜欢的。"

他又转过身去对老师说道："让他们回去吧！"

他拉着我的手，悄悄地说："啊，你需要学会克制自己，知道吗？我其实知道你为什么淘气！好了，再见，小朋友！"

我心情非常激动，久久不能平静。

老师让别人都走了，只把我一个人单独留了下来。

> 主教对"我"尤为关心，让"我"和学校搞好关系。

我非常耐心地听他讲话，我发现他是那么和蔼："以后你可以上我的课了，是吗？不过，别淘气了，老实坐着，好吗？"

这样，我在学校算是搞好了关系。

我那时也开始挣钱了。

每逢节假日就走街串巷去捡牛骨头、破布片、烂纸和钉子。把一普特破布烂纸卖给旧货商可得到二十个戈比，生铁也是这个价钱，一普特骨头值十个戈比或者八个戈比。平时放了学我也去

捡,每个星期天去卖,一下子能得到三十到五十个戈比,运气好的时候还要多些。

每次外婆接过我的钱,都会急急忙忙塞到裙子的口袋里,夸奖说:"好孩子,真能干!好了,这样咱们俩完全可以养活自己了!"

> 现在的"我"很懂事,会主动帮外婆分担,"我"的思想更加成熟。

有一次,我看见她拿着我的五十个戈比哭了,一滴混浊的泪水挂在她那大鼻子尖上。

比卖破烂更能赚钱的是到奥卡河岸的木材站或是彼斯基岛去偷劈柴和木板。

每逢集市,人们在岛上搭许多棚屋,集市开完后拆下来的木板被堆成堆,一直放到春水泛滥的时候。一块好木板,有人会出十个戈比,我一天就可以弄两三块!

可干这事必须是坏天气,大风雪天或大雨天把看守人给逼得躲了起来,才能顺利得手。

> 恶劣的环境才能偷到,可见偷木板也不是一件容易的事。

和我一起去偷的有几个伙伴,一个是乞丐莫尔多瓦的儿子珊卡·维亚赫尔,他总是笑嘻嘻的,人非常温和。

还有柯斯特罗马,是个卷毛。他十三岁被送进了少年罪犯教养院,在那儿吊死了。

还有哈比,是个鞑靼人,十二岁,但力大无比。

还有看坟人的儿子扁鼻子雅兹,他是个有羊癫(diān)疯的九岁孩子,寡言少语。

我们之中,岁数最大的是寡妇裁缝的儿子格里沙·楚尔卡,他很讲道理,但拳头也很厉害。

> "偷窃形成了风气",这是多么悲哀的事。可见人们当时的生活多么艰难。

在我们那儿,偷窃形成了风气,差不多

成了饥寒交迫的人们唯一的谋生手段。大人们的目标是货船，在伏尔加河和奥卡河上寻找机会。

每当休息的时候，他们都要讲自己的经历，夸耀自己的收获，孩子们则在一旁，边听边学，吸取经验和教训。

醉汉们的钱包小孩子们可以公开地偷，谁也不干涉。

> 从大人们炫耀偷窃的行为中，可见他们的是非观已扭曲，贫穷生活已让他们变得麻木和丑陋。

有些小孩子还偷木匠的工具，偷货车的备用轴，或是偷车夫的鞭子……

我们不干这样的事。

"妈妈不让我偷东西，可我不干！"

说话的是格里沙。

哈比则说："我不敢！"

柯斯特罗马则特别厌恶"小偷"这个字眼，只要看到别的小孩偷醉汉，他就会把他们赶走。

维亚赫尔认为自己是个大人，他走路时，刻意学着搬运工的样子，故意一歪一歪的，声音压得又低又粗，一举一动全都在装腔作势。他相信偷窃是一种罪恶。

> 动作描写，表现维亚赫尔想装成大人的样子，而且内心有了善恶观。

不过，从彼斯基岛上拿木板可算不上什么罪恶，我们都非常愿意干这件事。

趁着天气不好或晚上的时候，维亚赫尔和雅兹从下面大摇大摆地向彼斯基岛进发。其他四个人则从侧面分头摸过去，趁看守人追赶维亚赫尔和雅兹的机会，拖上木板便往回跑！

看守人从来没有发现过我们，即便发现了他也追不上。

我们弄来的东西卖掉以后，钱平分成六份，每个人可以得五戈比，甚至是七戈比。

有了这点钱，吃一天饱饭就没什么问题了。

但是这点钱每个人都另有各自的用途。

维亚赫尔每天必须给他的母亲买4两半伏特加，否则就会挨一顿揍。

柯斯特罗马想要攒钱买鸽子。

格里沙挣钱是为了给母亲看病。

> 列举各人攒钱的用途，体现生活的不易。

哈比攒钱是为了回家乡，他舅舅把他从家乡带到这儿来以后便死了。哈比其实不知道家乡的地名，只知道是在卡马河岸边，离伏尔加河不远。

我们一块编了首歌，逗这个斜眼的鞑靼孩子：

> 卡马河上一座城。
> 到底在哪儿不清楚！
> 用脚走不到，
> 用手够不着！

开始哈比非常生气，维亚赫尔却说："不要这样！好兄弟之间还生气吗？"

哈比有点不好意思了，后来他自己也跟着我们唱了起来。

和偷木板相比，我们更喜欢去捡破烂。

> 捡破烂不需要提心吊胆，而且还有意外的惊喜，所以更有意思。

春雪消融或是大雨滂沱之后捡破烂就更有意思了。在集市的沟沟渠渠中，我们总能找到钉子、破铜、烂铁，有时还能够捡到钱！

可是我们得给看货摊的人两个戈比，有时央求半天才会得到他的允许。

挣钱不容易，我们几个之间却非常和睦，偶尔有小的争吵，但从没打过架。

维亚赫尔看到别人吵架时，经常会说："有吵架的必要吗？"

我们想一想，的确没有必要。

他称他的母亲为"我的莫尔多瓦女人"，但是我们从没有觉着可笑。

> 我们都很尊重彼此及各自的家人，表现出善良、懂事的一面。

"昨天，我的莫尔多瓦女人回家的时候，又喝得烂醉如泥！她啪的一下把门推开，在门槛上一瘫，就像只公鸡似的唱起来！"

格里沙问："唱的什么？"

维亚赫尔于是学着他母亲的声音尖声尖气地唱了起来：

"收养的小伙沿街走，手拿皮鞭吼一声；
挨家挨户用皮鞭，
抽出的孩子们满街溜。
哟哟嗨，
你看那晚霞就红似火，
收养的小伙儿笛声响，
小村入梦甜悠悠。"

他会唱很多歌。

他接着说："后来，她坐在门槛上睡着了，屋子里特别冷，我拉不动她，差点没把我们冻死。今天早晨，我对她说：'你醉得太厉害了！'她说：'没关系，我故意的。你再等一等，我很快就会死的！'"

> 对话描写，表现了维亚赫尔对妈妈深深的爱。

格里沙说："是的，她快死了，全身都

风雨中的成长路

肿了!"

"你可怜她吗?"我问。

"怎么不可怜?她是我的好妈妈……"维亚赫尔说。

我们知道他母亲常常打他,可是我们又都相信她是个好人!

遇上不走运的时候,格里沙也会提议:"来,咱们每个人凑一戈比给维亚赫尔的母亲买酒吧,要不然他会挨揍的!"

维亚赫尔特别羡慕我和格里沙,因为我们两个识字。

> 维亚赫尔特别羡慕识字的人,对学习充满了渴望。

他有时会揪住自己的尖耳朵,细声细气地对我们说道:"埋了我的莫尔多瓦女人之后,我也去上学,我给老师磕个头,让他收下我。成之后,我会去找主教,请他收留我做园丁,要不,就直接去找沙皇……"

春天,莫尔多瓦的女人死了。

格里沙对维亚赫尔说:"到我们家去吧,我妈妈会教你认字的……"

没过多久,维亚赫尔就高昂着头,念起招牌上的字了:"食品货杂店……"

"食品杂货店,你这个笨蛋!"格里沙说。

"嗨,我只是把字母念颠倒了!"

"那样就错了!"

"噢,你看,字母活蹦乱跳的,它们喜欢别人念它们!"

> 语言描写,表现维亚赫尔非常热爱大自然,可见他有怜悯之心。

维亚赫尔对山川树木、花鸟草木的热爱让我们感到好笑,同时也感到吃惊。

倘若我们之中的谁坐在了小草上,维亚

赫尔就会说："不要糟蹋草啊，坐沙地上不也一样吗？"

谁也不敢当着他的面去折一枝白柳，如果让他看见了，他就会耸耸肩膀："见鬼，你们在干什么？"

的确，流浪街头，自由自在，何苦之有？相反，我心中经常涌动着一种伟大的感情，我太爱我的伙伴们了，总想替他们做点好事。

然而，像这样每天放学后流浪街头，还是给我在学校的生活造成了不少的麻烦。

他们叫我"捡破烂的""臭要饭的"，还说我身上有股臭味！

我感到极大的污辱，因此每次去学校前我都会换上洗得非常干净的衣服。

上完了三年级，学校奖给我一本福音书、一本克雷洛夫的寓言诗、一本《法达·莫尔加那》，还有一张奖状。

外公看到这些奖品，表现出异乎寻常的兴奋，他要把这些书锁到自己的箱子里。

> 外婆终于承受不住生活的压力，病倒了，"我"开始努力贴补家用，慢慢拥有了责任心。

当时，外婆已病倒好几天了，她没有钱，几乎没什么吃的了，可外公还在无休无止地埋怨："你们把我喝光吃净了，一点儿也不给我剩下……"

于是我把书卖了，得了五十五个戈比，交给了外婆。

奖状上我胡乱写了些字后给了外公，他没有打开看就珍藏了起来，所以没有发现我搞的鬼。

结束了学校生活，我又开始了在街头的流浪生活。

春回大地，野外的森林成了我们最好的去处，我们每天都很晚才回来。

然而这样快活的日子没持续多久。不久，继父被解雇了，

人也失踪了,不知道去向。

母亲和小弟弟搬回外公家,我成了保姆。

外婆则在城里一个富商家里给人家绣棺材上罩的圣像。

母亲干瘦干瘦的,都快没有人形了。

小弟弟也饿成了皮包骨头,一种不知名的疾病折磨着他,使他像一条奄奄一息的小狗。

> 母亲干瘦的模样及小弟弟奄奄一息的状态,暗示了生活的艰难。

外公摸了摸他的头:"他是吃不上啊,可是我的食物毕竟有限,不够你们都来吃啊……"

母亲靠在墙上,叹着气说道:"他吃不了很多……"

"是没有多少,可你们几个加起来就太可怕了……"

外公让我去背沙子,把小弟弟埋在里面晒晒太阳。

小弟弟非常高兴,居然还甜甜地笑。我马上就会爱上他,好像我的想法他都知道似的。

"死,非常容易!你想的应该是怎样活!"外公的吼叫声从窗口飞了起来。

母亲咳嗽了很长时间……

> 说明母亲病得很重,为下文的去世埋下伏笔。

我和小弟弟待在那儿,他只要一看见远处的猫或狗就会扭过头来向我微笑。噢,这个小家伙,他是不是已经感觉出我和他待着有点无聊,想着跑到街上去了?

吃午饭时,外公亲自喂小孩。

小孩吃了几口后,他就按了按他的肚子,自言自语地说:"饱了吗?"

黑暗的角落里传来了母亲虚弱的声音:"您不是看见他还在伸手要吗?"

"小孩子，不懂事！总会吃饱了还要！"

外公让我把孩子递给了母亲。

母亲迎着我缓缓地、吃力地站了起来，费力地伸出了那枯树枝一般的胳膊。

后来母亲成了哑巴，一天一天地躺在床上。

最令我讨厌的是外公在每天天黑以后都要讲到死。

他躺在黑暗中，嘴里嘟嘟囔囔："死期到了！有什么脸去见上帝？唉，忙了一辈子，却落了个这样的下场……"

母亲是在八月份的一个星期天的中午离我而去的。

那时候，继父刚从外地回来，外婆和小弟弟已经搬到他那儿去了，母亲很快便要搬过去了。

早晨，母亲低声悄悄对我说道："去找耶甫盖尼！"

她强撑着身子，接着又补充了一句："快跑！"

我感觉她的眼里闪过一种异样的、从不曾见过的光芒。

继父正做弥撒，外婆让我去买烟，这样就耽误了时间。

> 母亲临死前的一系列反应，令"我"很害怕。

我回到家的时候，惊讶地看到母亲正梳妆整齐地坐在桌子边上，仪态与从前毫无二致。

"您好点了吗？"我心里有点害怕。

她看了我一眼，冰凉透骨："过来！你又去哪儿疯玩了？"

我还没有开口，她就把我抓了过去，用刀子背轻拍了我一下，可马上刀子就从她的手里滑掉了。

"捡起来……"

我惊呆了，一动不动，只是缓缓地看着她躺下，虚弱地说："水……"

我赶紧舀了碗凉水，但她只喝了一点儿。

> 详细描写了母亲临死前的神态、表情变化，透露出母亲对生命的留恋、不舍与无奈。

她推开了我的手，嘴唇动了动，好像苦笑了一下，脸上浮起了一片暗影，这暗影迅速占据了她整个脸，她似乎有点吃惊地张开了嘴……

我端着水一直站在她旁边，不知道站了多长时间。

外公进来了。

我说："母亲死了！"

> 外公不相信"我"的话，其实他心里清楚，只是不愿面对现实。

他漠然地向床上瞟了一眼："胡说八道！"

他到炕炉里拿包子，弄得一阵叮当乱响。

继父走进来了，毫不知情地搬了把椅子坐到母亲身旁。

突然，他从椅子上蹦起来，大叫了一声："她死了！"

> 仁慈的外婆承受着白发人送黑发的悲痛。

当大家向母亲的棺材撒土的时候，外婆就像个瞎子似的在坟地里乱撞，她一下子碰到十字架上，碰破了头。

雅兹的父亲把外婆领到他的小屋里，她洗脸时，他安慰我说："唉，生而为人，必定会有这么一回……不论贫富，早晚都得进棺材……"

他从小屋里跑出去，但马上又和维亚赫尔一起回来了。

"看，瞧这是什么？"他递给我一个折断了的马刺，"这是我和维亚赫尔一起送给你的，我是从他手里买下来的，我给了他两戈比，你喜欢吗？"

"胡说八道！"维亚赫尔生气地嚷。

"啊，好好，不是我，是他，是他送给你的！"

维亚赫尔想方设法逗我笑，他把马刺挂在自己的脖子上，用舌头够上面的小轮，雅兹的父亲夸张地哈哈大笑。

见我还是没有什么反应，他严肃地说："醒一醒吧，只要是人，早晚都是要死的，就像小鸟一样，谁也逃不过这一关，小鸟不是也要死吗？"

> 维亚赫尔想方设法转移"我"的注意力，引导"我"坦然面对人的死亡。

"走，咱们给你母亲的坟铺上草皮，好吗？"

这令我很高兴，我们大家便出发了。

埋葬母亲几天后，外公说："阿廖沙，你可不是什么奖章，总把你挂在脖子上我可受不了！去，去，到人间去吧……"

于是，我便走入了人间，开始了另一种生活。

乐行乐思

"我"和小伙伴们用了哪些办法去赚钱谋生？"我"从中又有什么体会？

1. 解标。参照"争当'最美乐读者'",了解阅读考评的基本标准和操作方法,并从正确、流利、有感情、有个性四个方面理解具体的评价标准。

2. 范评。一名同学讲述自己充分准备的故事,由老师从四个方面逐一做示范点评打分。

3. 共评。由一位同学抽签讲述故事,老师引导同学们对照标准共同评价打分。

4. 试评。分学习小组,尝试对本小组中某一个组员进行面试,组长主持,其他人当考官。

自测练习

姓名：_____　自测评价：_____　（优秀　良好　加油）

> **阅读策略**

一、结合六年级上册语文"快乐读书吧"内容，梳理阅读策略

1.阅读与儿童成长相关的中外经典小说，首先要制订好阅读计划。晒一晒你制订的《童年》阅读计划，并针对计划落实情况进行自我评价。

（此处为空白方框）

2.明明读完《童年》后，梳理了阅读小说的策略与方法，请你在正确的序号后面打上"√"。

（1）《童年》中的人物比较多，厘清人物关系可以帮助我们更好地读懂故事。　　　　　　　　　　　　　　　　　　　　（　　）

（2）联系故事情节，让我们更好地了解人物的性格特点。　（　　）

（3）关注人物的语言、动作、心理活动等，可以帮助我们深入理解人物形象。　　　　　　　　　　　　　　　　　　　　　（　　）

（4）阅读小说前，要先问问读过这本小说的人，了解其中精彩的故事情节，再找到这些章节来阅读。　　　　　　　　　　　（　　）

（5）关注小说中的环境描写，体会环境描写对塑造人物形象的作用。
　　　　　　　　　　　　　　　　　　　　　　　　　　（　　）

走进名著

二、运用策略，走进名著

1. 关于《童年》的拓展阅读。

（1）《童年》的作者是_____，他被列宁称为"无产阶级艺术的最杰出的代表"，其自传体三部曲是《童年》、_____、_____。

（2）《童年》讲述的是_____3岁到10岁这一时期的童年生活，生动地再现了十九世纪七八十年代_____下层人民的生活状况。

2. 读完《童年》，试着绘制主要人物关系图，把握整本书的主要内容。

3. 联系故事情节，揣摩画线人物的性格特点，写一写。

（1）外公的一顿痛揍让我昏了过去，醒来以后我又大病了一场，趴在床上静养了好几天。（　　　　）

（2）作坊起火时，所有的人都惊慌失措，只有外婆冲进火海，两手端着一大桶硫酸盐钻了出来，浑身上下都冒着烟。（　　　　）

（3）阿廖沙上学时穿的是母亲的皮鞋和外婆的外套改成的大衣，同学们都嘲笑他，可他并没有抱怨，反而刻苦学习，毕业时还获得了一张奖状和几本书。（　　　　）

（4）两个舅舅经常抡圆胳膊，在地上扭打成一团，不停地喘息着，叫骂着，呻吟着。（　　　　）

4. 明明阅读《童年》时摘抄了一些句子，请写出这些句子运用的描写手法，并批注自己的阅读体会。

（1）快活的阳光从花园照进窗户，珍珠般的露水在树枝上闪耀着五彩的光，早晨的空气中散发着茴香、酸栗、熟苹果的香味。

（2）外婆两手舒展，眉毛向上挑起，双目远眺，好似飘在空中一般在地板上滑行。

（3）外公用羹匙敲着桌子，满脸通红，叫声像公鸡打鸣似的响："叫你们全给我要饭去！"

（4）外婆仿佛变成了一个转起来的陀螺，一眨眼就和所有的人拥抱、亲吻过了。

阅读与鉴赏

三、作品刻画了许多性格鲜明的人物，试着结合具体情节和细节赏析其性格特点

1. 外公的家里充满着仇恨，是旧俄时代小市民社会的缩影。请联系具体事例，谈谈外公的性格特点。

2. "小茨冈"是阿廖沙的好朋友，他的死是一个意外，却又不是一个意外。请联系他的身世和具体事例，谈谈其形象特点。

3. 两个舅舅明争暗斗，亲情淡薄。请联系舅舅们争斗的原因，概括

其形象特点,并用具体事例说明。

4. 作品中的外婆犹如一束光照亮了阿廖沙的生命,请结合具体事例概括外婆的性格特点。

思辨与表达

四、作品中,主人公既品尝到生活的痛苦,又感受到人间的温暖,试着联系具体的情节说一说

1. 主人公在成长过程中经历了不少痛苦,请选三件你最难忘的事简要叙述。

2. 主人公同样感受到人间的温暖,从文中选择具有代表性的人和事情简要叙述。

3. 有人认为这部小说里描写了社会的阴暗面,不适合小学生阅读,你对此有何看法?

争当"最美乐读者"

读完整本书,同学们要积极申请参加最后的阅读考评。考评分以下三步。

一、自导自演(讲演 5—8 分钟,共 40 分)。自主选择本学期阅读的精彩片段并演讲,可以请其他人给予指导或参与演出,通过精心准备,呈现最好的自我。

二、抽签讲述(讲演 5—8 分钟,共 40 分)。自己抽取题签,现场脱稿讲述,这一环节全部独立完成。

三、笔试考查(共 20 分)。自测获得"优秀"等级的为满分,获得"良好"等级的为 15 分,需要继续"加油"的为 10 分。

总分 100 分,同学们如果得到 80 分以上,就可以获得"最美乐读者"的光荣称号,受到表彰!